变局·新局

——2020 粤港澳大湾区企业创新报告

总策划◎邓　波　王更辉　郑海涛
主　编◎郑佳欣　朱桂龙　黄建伟　黄颖川
副主编◎黄应来　王　彪　王　越

南方日报社·南方经济智库、南方城市智库
华南理工大学工商管理学院
建行大学大湾区金融创新学院、中国建设银行科技金融创新中心

南方日报出版社
NANFANG DAILY PRESS
中国·广州

图书在版编目（CIP）数据

变局·新局：2020粤港澳大湾区企业创新报告 / 郑佳欣等主编. — 广州：南方日报出版社，2020.12
ISBN 978-7-5491-2307-0

Ⅰ. ①变… Ⅱ. ①郑… Ⅲ. ①企业创新—研究报告—广东、香港、澳门—2020 Ⅳ. ①F279.276.5

中国版本图书馆CIP数据核字（2020）第249291号

BIANJU · XINJU——2020 YUEGANGAO DAWANQU QIYE CHUANGXIN BAOGAO
变局·新局——2020粤港澳大湾区企业创新报告

主　　编：郑佳欣　朱桂龙　黄建伟　黄颖川
副 主 编：黄应来　王　彪　王　越
出版发行：南方日报出版社
地　　址：广州市广州大道中289号
出 版 人：周山丹
责任编辑：李佳航
装帧设计：邓晓童
图表制作：陈　乐　彭　雳
责任校对：肖　颖
责任技编：王　兰
经　　销：全国新华书店
印　　刷：广州市岭美文化科技有限公司
开　　本：787mm×1092mm　1/16
印　　张：13.5
字　　数：200千字
版　　次：2020年12月第1版
印　　次：2020年12月第1次印刷
定　　价：48.00元

投稿热线：（020）87360640　　读者热线：（020）87363865
发现印装质量问题，影响阅读，请与承印厂联系调换。

调研组成员

报告撰写

南方日报社·南方经济智库研究员

王　彪　昌道励　苏　力　陈　晓　王佳欣　陈　颖　曾美玲

南方日报社·南方城市智库研究员

叶洁纯　陈思勤　罗　锐　高静宁　潘晓晨　靳延明　沈梦怡
马喜生　何康杰　傅　鹏　杜　艳　戴晓晓　叶永茵　罗丽娟
李鹏程　吴雨伦

专家顾问

华南理工大学

朱桂龙　华南理工大学工商管理学院教授、博士生导师
樊　霞　华南理工大学工商管理学院教授、博士生导师
王志强　华南理工大学工商管理学院教授、博士生导师
赛　夫　华南理工大学工商管理学院博士研究生
曾攀攀　华南理工大学工商管理学院博士研究生
倪玉洁　华南理工大学工商管理学院硕士研究生
彭翰宇　华南理工大学工商管理学院硕士研究生
丁皓明　华南理工大学工商管理学院硕士研究生

中国建设银行科技金融创新中心

邓　波　中国建设银行科技金融创新中心主任
曾　平　中国建设银行科技金融创新中心副主任
邓天泽　中国建设银行科技金融创新中心副主任

刘乐乐　中国建设银行科技金融创新中心副主任
周国强　中国建设银行科技金融创新中心副主任
王　群　中国建设银行科技金融创新中心副主任
黄建伟　中国建设银行科技金融创新中心创新一部总经理
郭　阳　中国建设银行科技金融创新中心创新一部经理
吴　凯　中国建设银行科技金融创新中心创新一部副经理
王　越　中国建设银行科技金融创新中心创新一部副经理
刘旭彬　中国建设银行科技金融创新中心创新一部六级客户经理
陈　静　中国建设银行科技金融创新中心创新一部六级客户经理
陈小乐　中国建设银行科技金融创新中心创新一部科技金融专员
曹海龙　中国建设银行科技金融创新中心创新二部副总经理
张卓君　中国建设银行科技金融创新中心创新二部副经理
杨志勇　中国建设银行科技金融创新中心创新三部副总经理
崔灿光　中国建设银行科技金融创新中心创新三部科技金融专员
杨　洁　中国建设银行科技金融创新中心创新四部副总经理
练扬扬　中国建设银行科技金融创新中心创新四部副经理
张　勇　中国建设银行科技金融创新中心创新五部总经理
刘盛伦　中国建设银行科技金融创新中心创新五部副总经理
卢夏源　中国建设银行科技金融创新中心创新五部经理
李　岚　中国建设银行科技金融创新中心风险研究部高级主管
黄继亮　中国建设银行科技金融创新中心风险研究部高级主管

建行大学大湾区金融创新学院

莫婉兰　建行大学大湾区金融创新学院院委会办公室主任
刘　丹　建行大学大湾区金融创新学院院委会办公室经理
詹学朋　建行大学大湾区金融创新学院院委会办公室经理
任　刚　建行大学大湾区金融创新学院院委会办公室经理

前　言

2020年是推进粤港澳大湾区建设的关键一年。2020年10月，在深圳经济特区建立40周年的重大历史时刻，在粤港澳大湾区和深圳中国特色社会主义先行示范区“双区”建设向纵深推进的关键节点，习近平总书记亲临广东视察，出席深圳经济特区建立40周年庆祝大会并发表重要讲话，对新时代广东及深圳改革发展作出一系列重要指示。

粤港澳大湾区建设是国家重大发展战略，深圳是大湾区建设的重要引擎。要抓住粤港澳大湾区建设重大历史机遇，推动三地经济运行的规则衔接、机制对接，加快粤港澳大湾区城际铁路建设，促进人员、货物等各类要素高效便捷流动，提升市场一体化水平。

创新是粤港澳大湾区迈向世界级湾区的必由之路。

2019年2月18日，中共中央、国务院印发《粤港澳大湾区发展规划纲要》（简称《规划纲要》），提出粤港澳大湾区建设国际科技创新中心。《规划纲要》实施以来，在粤港澳大湾区，创新政策不断出台，创新平台密集落地，创新要素不断集聚，创新成果层出不穷，创新企业加快发展。

2019年7月，《广东省推进粤港澳大湾区建设三年行动计划（2018—2020）》（简称《行动计划》）正式发布，提出创建综合性国家科学中心，争取国家在大湾区布局国家实验室，布局建设重点领域粤港澳联合实验室，推进广深港澳科技创新走廊建设等。

广州、深圳、东莞、惠州、江门、中山……随着“国之重器”加快布局，大湾区正在建设世界一流的重大科技基础设施集群，并集聚更多实验室、研发机构、科研院所等，有望打造重大原始创新的重要策源地，并加快科技成果转化。

在第二十一届中国专利奖评选中，广东共获奖239项，金奖数、优秀奖数、获奖项目总数均居全国第一，其中大部分来自珠三角。2020年1—9月，广东各项重要知识产权指标持续领先全国，专利申请量（70.51万件）、授权量（52.63万件），发明专利申请量（16.07万件）、授权量（4.85万件）、PCT国际专利申请量（1.87万件），均居全国第一。

更多的创新机遇，更优的创新环境，正在加速向粤港澳大湾区而来。

党的十九届五中全会提出，坚持创新在我国现代化建设全局中的核心地位，把科技自立自强作为国家发展的战略支撑。要强化国家战略科技力量，提升企业技术创新能力，激发人才创新活力，完善科技创新体制机制。

2020年10月发布的《深圳建设中国特色社会主义先行示范区综合改革试点实施方案（2020—2025）》提出，优化创新资源配置方式和管理机制，建立具有国际竞争力的引才用才制度；首批40条授权事项更倾向于金融、海外人才等方面的科技创新体制事项就有6条。

粤港澳大湾区有条件更有责任在创新发展的浪潮中做出更大贡献。

在大湾区，我们发现，资金、设备、人才等创新要素流动进一步加快。广东正筹划推进支持港澳高等院校、科研机构参与广东省财政科技计划的政策措施；设立省基础与应用基础研究基金，向粤港澳大湾区企业开放申报渠道；制定向港澳有序开放科研设施和仪器的相关措施，建立面向港澳开放的散裂中子源谱仪，开展外籍创新人才办理科技型企业享受国民待遇试点；争取国家允许粤港澳科研合作项目需要的医疗数据和血液等生物样品，在大湾区内限定的高校、科研机构和实验室跨境使用。

在大湾区，我们发现，龙头企业、“专精特新”企业和新型研发机构的创新动能正在进一步增强。截至2020年8月底，广东国家级高新技术企业总量超5万家，科技型中小企业超2.8万家，居全国首位。广东还有1036家孵化器、986家众创空间，累计孵化1046个港澳创业团队和企业。按照《行动计划》，2020年，大湾区内地新型研发机构有望达到200家，实现R&D（研究与试验发展）占地区生产总值比重达到2.8%，每万人发明专利拥有量达到2.6件。

为深刻反映百年未有之大变局中粤港澳大湾区企业创新发展的新特点、新趋势和新挑战，总结粤港澳大湾区创新驱动发展经验，广东省人民政府和中国建设银行共同推动，广东省科学技术厅、中国建设银行科技金融创新中心、南方报业传媒集团联合主办“榜样的力量——粤港澳大湾区科创先锋大赛”。在此次大赛基础上，南方日报社·南方经济智库、南方城市智库联合建行大学大湾区金融创新学院、中国建设银行科技金融创新中心，华南理工大学工商管理学院，对上百家珠三角创新企业展开深度调研和分析，共同研究编写《变局·新局——2020粤港澳大湾区企业创新报告》。

这是三方合作团队推出的第四期年度报告。报告聚焦百年未有之大变局叠加新冠肺炎疫情冲击的特殊背景下，粤港澳大湾区企业创新的趋势、动力、特征、机遇和挑战，并在专访多位省内外知名专家的基础上，提出针对性的对策建议。期望该报告能够引发大家对粤港澳大湾区科创企业发展的更多关注和支持，为粤港澳大湾区建设国际科技创新中心带来更多富有建设性、开拓性的理论探索、政策建言和创新实践。

目　录 CONTENTS

壹 百年未有之大变局下创新的危与机

历史多次证明，善于创新的企业是经济发展的重要力量。

以美国为例，从1965年到1985年的二十年间，美国新增了4000万个就业岗位。是什么让美国经济如此不同？一般观点认为“高科技”是其中的主要动力。管理学家彼得·德鲁克在《创新与企业家精神》提出，在经济活动中，“创新”和“企业家精神”扮演了前所未有的重要角色。在这过程中，企业家必须有目的地寻找创新的来源，寻找预示成功创新机会的变化和征兆。[1]

当今世界正经历百年未有之大变局，和平与发展仍然是时代主题，同时国际环境日趋复杂，不稳定性、不确定性明显增强。对于面向世界产业和创新前沿的粤港澳大湾区而言，如何在大变局中实现创新突围尤为重要。

调研发现，粤港澳大湾区的企业创新呈现四个趋势：

——应对疫情冲击，数字转型加速。新冠肺炎疫情，客观上推动数字经济发展，非接触物流、在线会议、线上贸易、远程办公等加速普及，倒逼企业加快数字转型步伐。

——打破断“链”风险，龙头牵引集群。全球经济动荡，创新发展的外部环境面临巨大不确定性，供应链、产业链等经济链条面临断裂风险，更多大湾区企业以龙头企业为牵引，以产业链、产业集群为单位，加速构建自主创新体系。

——因应格局嬗变，创新协同“出圈”。随着现代产业分工的不断

[1] 彼得·德鲁克．创新与企业家精神．蔡文燕，译．北京：机械工业出版社，2007：6，47.

细化和现代科技的不断突破，特别是粤港澳大湾区，产业升级和创新越来越突破了单个企业乃至单个城市的局限，向着围绕产业链、创新链构建跨区域创新圈的方向发展，也日益成为大湾区建设国际科创中心的重要推动力量。

——打通供需藩篱，产学研对接畅通。长期以来，创新领域的供给和需求存在显著的不平衡：科研力量和成果更多沉淀在高等院校和研究机构，而创新的需求则主要来自企业一线，特别是来自激烈的市场竞争和不断升级的消费需求。近年来，新型研发机构不断涌现，粤港澳三地的产学研合作更加密切，在双循环新发展格局下，一个以大湾区为主要空间、以若干世界级产业集群为依托、打通国内外创新要素流动的产业创新循环正在加速形成。

（一）疫情之下：从危到机，倒逼企业数字转型

2020年，突如其来的新冠肺炎疫情彻底打乱了全球的生产生活秩序。然而，危中有机，全球疫情客观上推动了中国企业特别是粤港澳大湾区的企业加速数字化转型。疫情下大众对数字化发展的认知和体验进一步加深，带来更多的数字经济市场需求。

微软与IDC（互联网数据中心）的合作研究显示，应对新冠肺炎疫情的过程中，63%的中国企业加快了数字化进程，67%的企业决策者认为创新力是“必备条件”。在这其中，依托广东强大的制造业基础，粤港澳大湾区的企业正加速拥抱数字化。

在疫情造成空间隔绝的同时，生产数字化、销售数字化等多种新技术、新模式得到广泛应用。

有着60多年历史的全球最大规模贸易展会——广交会首次整体搬到

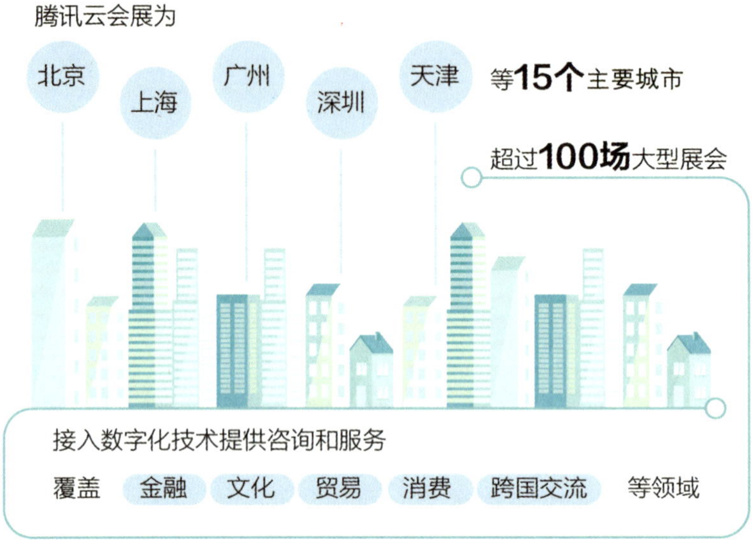

图 1-1　腾讯云会展为展会接入数字化技术情况

"云"端，便是一次突破时空限制的贸易创举。在这背后，是互联网、大数据、云计算及人工智能等新技术的全球化应用，体现了以腾讯为代表的大湾区企业的科技实力。腾讯云在全球的应用、覆盖全球五大洲26个地理区域的基础设施，可支持全球各地近千万人同时参加在线会议。[1]

马文彦在《数字经济2.0》中提出，融合线上线下场景、无处不在链接为代表的"新零售"只是中国数字经济大步跃进的一个例子，在娱乐、媒体、金融、制造等诸多领域，数字经济都带来新的挑战和发展机会。[2]

事实上，拥抱数字化转型，不仅让全球市场看到了"线上贸易"的巨大潜力，也让积极投身其中的"广东制造"看到了更深程度拥抱数字

[1] 广东企业已经在为全球提供数字技术服务。2020 年 4 月，联合国在纽约总部宣布，腾讯公司成为其全球合作伙伴，为联合国成立 75 周年活动提供全面技术方案，并将通过腾讯会议、企业微信和腾讯同传在线举办数千场会议活动。

[2] 马文彦 . 数字经济 2.0. 北京：民主与建设出版社，2017：10.

化和全球化的可能。疫情期间，越来越多企业将传统业务和服务转移到线上，加快企业服务数字化、智能化升级改造。

在美的集团的洗碗机工厂，大屏幕实时显示着上下游5000个供应商的生产、库存、物流等数据形成的数字产业链。工厂负责人介绍，原本上百个零部件要全部送到工厂里，全都齐全了才能进行生产，至少需要存储原材料5到6天。如今数字化后，可以实时掌握每一家供应商的生产以及库存情况，在云端就可以进行原材料的调配，大大提高了效率，降低了库存。

在专家看来，生产数据采集上云、上平台，构成云端数字化产业链，不仅将加快传统产业升级、稳定和提升产业链，还将带领更多产业链上下游企业实现数字化升级，共同为行业数字化提速。

■港珠澳大桥青州航道桥（关铭荣摄）

■港珠澳大桥收费站（关铭荣摄）

更多中小微企业也在疫情的倒逼下，加速数字化转型。淘宝数据显示，2020年3—5月，广东淘宝直播新增主播数量全国第一，同比增长超6倍。从十三行到美博城，从荔枝村到旅游业，广东的各大产业都搭上“直播”快车。调研中，不少企业都认为，疫情之下，企业上“云”已迫在眉睫，而云计算、大数据和人工智能等技术的发展为企业数字化转型提供了有力支撑。

在后疫情时代，以云计算、5G、人工智能等技术为代表的“新基建”与产业互联网，将进一步向多个行业拓展，推动大湾区“云”上经济的发展变革，带动数字经济跨产业融合升级，提高中国的数字贸易竞争力。

（二）断裂之危：从点到链，构建自主创新体系

全球疫情叠加复杂的国际形势，国际产业链、供应链遭受冲击，让

世界看到了全球产业链这把“双刃剑”的破坏力。

2020年8月，麦肯锡全球研究所在一份名为《全球产业链的风险、弹性和再平衡》的报告中称，在各种风险日渐显著的当下，全球产业链受到的冲击比之前更为频繁。报告还指出，疫情所带来的经济损失，是世界范围内大规模军事冲突损失的两倍，是经济大萧条时期的三倍。[1]

报告认为，如今很多关于产业链重组的讨论仅限于加大国内生产，但是产业链的构建往往涉及上下游诸多企业，并不仅仅是搬迁回国那样简单，调查显示，93%的企业有改善产业链弹性的计划。

事实上，疫情带来的供应链中断危机，也正在倒逼大湾区产业链重构升级，提升抗击风险的能力。尤其是中国在全球率先实现经济复苏，

■美的集团与日本安川合作生产智能机器人（戴嘉信摄）

[1] 在《全球产业链的风险、弹性和再平衡》中，麦肯锡还认为，在“后疫情时代”，预计平均每3.7年发生一次持续一个月或更长时间的供应链中断。

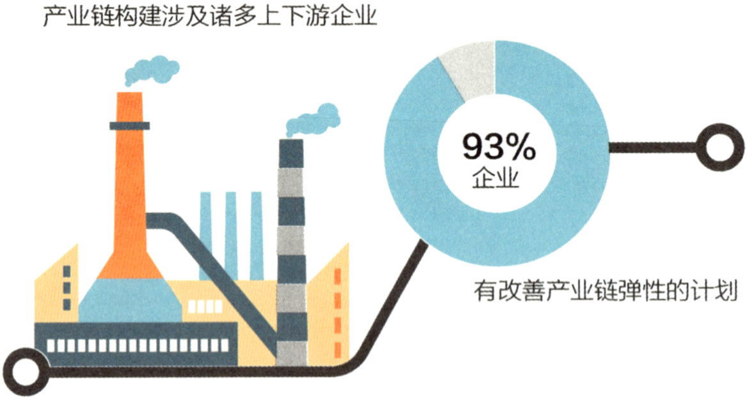

图 1-2　93% 的企业有改善产业链弹性的计划

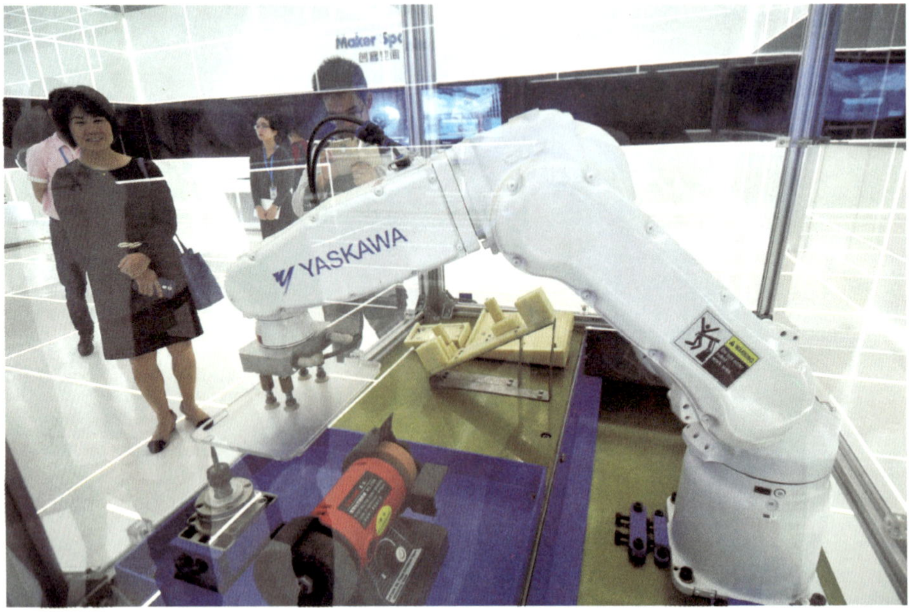

■美的集团要约并购德国库卡让珠三角众多制造企业开始瞄准德国高端制造业（戴嘉信摄）

■来自韩国的采购商通过视频连线挑选商品，参展商正在讲解产品特点（石磊摄）

将成为中国经济实现全球价值链攀升的新契机。《全球风口：积木式创新与中国新机遇》一书中提出，如果说旧的经济形态以跨国企业为象征，新的经济形态就以拥有先进科技且经验丰富的企业家为特征。企业家找到最新科技，针对市场所需推出革命性的产品和服务，并与设计、外包生产、合作营销等合作，以迅速占领市场，从而实现“积木式创新”。[1]

调研发现，自2020年2月初广东推进复工复产以来，通过强弱项、补短板，大湾区内产业链协同复工复产进展良好，越来越多的企业化危为机，不断提升产业链供应链稳定性、竞争力和现代化水平。

以格兰仕为例，在同行缺乏供货能力、物流能力的时候，该集团

[1] 王煜全，薛兆丰．全球风口：积木式创新与中国新机遇．杭州：浙江人民出版社，2016：10，69.

掌握了完整核心产业链，可更快实现全产业链复工复产，快速响应全球需求的变化。格兰仕集团董事长兼总裁梁昭贤认为，金链银链不如产业链。发展是应对危机的最好办法，中国家电企业一定要把核心技术抓在自己手中。

从点到链，构建自主创新体系，成为疫情下大湾区企业的共识。

例如，康佳总投资300亿元布局半导体，已完成了存储主控芯片、MicroLED以及PCB（印刷电路板）等半导体产业的全链条布局。美的2019年已定制开发出物联网家电专用芯片HolaCon，并规模应用。

格力电器也在芯片研发领域深耕多年，在2018年设立全资子公司珠海零边界集成电路有限公司，专注设计开发空调等家电的主控芯片和功率器件芯片，目前其设计开发的芯片已有数千万颗的使用量。

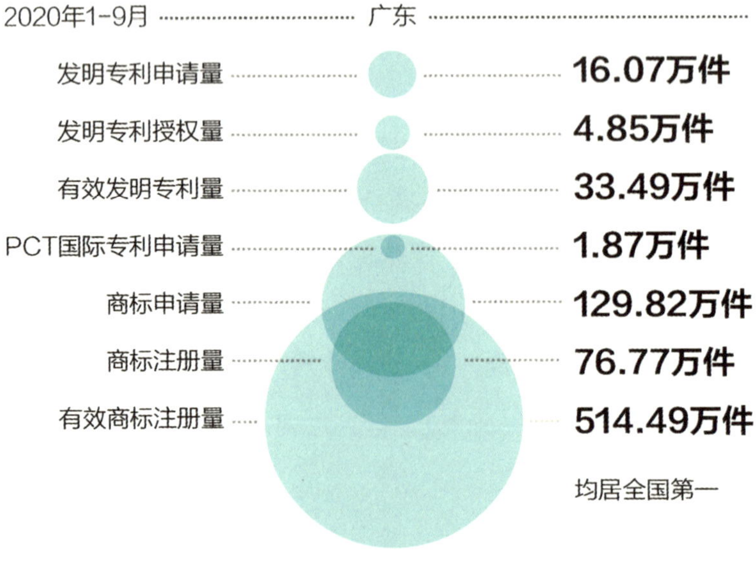

图 1-3　2020 年 1—9 月，广东各项重要知识产权指标持续领先全国

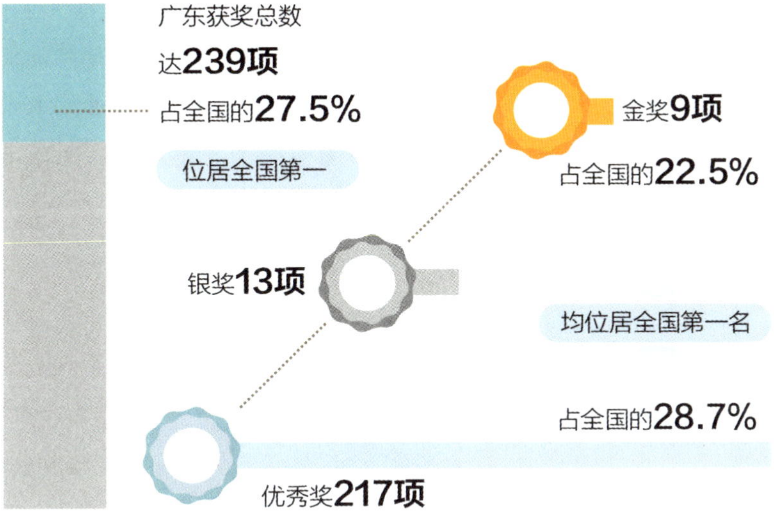

图 1-4　在第 21 届中国专利奖评选中，广东共获奖 239 项，金奖数、优秀奖数、获奖项目总数均居全国第一

国际知名会计师事务所普华永道研究认为，对于粤港澳大湾区来说，打造本地化智能制造可以强化巩固“中国制造”的地位，从而减少对离岸工厂的依赖，降低一系列由海外生产而带来的供应链不完备、文化挑战、政策及商业环境不稳定等风险。

商务部研究院国际市场研究所副所长白明认为，2020年以来，大湾区的全产业链优势凸显，内生动力强，有效地应对了疫情带来的诸多挑战。尤其是珠三角家电产业链相对完整，在国际产业链遭受冲击时，甚至都不需要国外配套就能自主生产。接下来更应在产业链核心环节上下功夫，提升大湾区产业国际竞争力。围绕产业链部署创新链、围绕创新链布局产业链，推动经济高质量发展迈出更大步伐。

（三）格局之变：从城到群，畅通大湾区创新圈

调研发现，在国际疫情影响的全球贸易阴云笼罩下，粤港澳大湾区经济发展的韧性和活力反而更加彰显。尤其是在加快形成国内大循环为主体、国内国际双循环相互促进的新发展格局中，粤港澳大湾区通过协同创新，促进各种生产要素在湾区城市之间的快速便捷流通，实现高质量一体化发展，有利于保持经济开放性与创新力。

一方面，城市群合作能力不断提升，推动粤港澳大湾区的合作交流进一步深化，为我国区域经济的发展提供新的动能。

比如，2020年10月22日，在广州深圳“双城联动”论坛上，广州、深圳相关部门签署了科技创新、智能网联汽车产业、智能装备产业、生物医药产业、基础设施、营商环境、自贸区等七个领域的合作协议。广深两座城市将联手打造粤港澳大湾区的核心引擎，努力成为全球创新发展最具活力和最有竞争力的“双子城”。

粤港澳三地还创新合作模式，实现大湾区的融合创新发展。

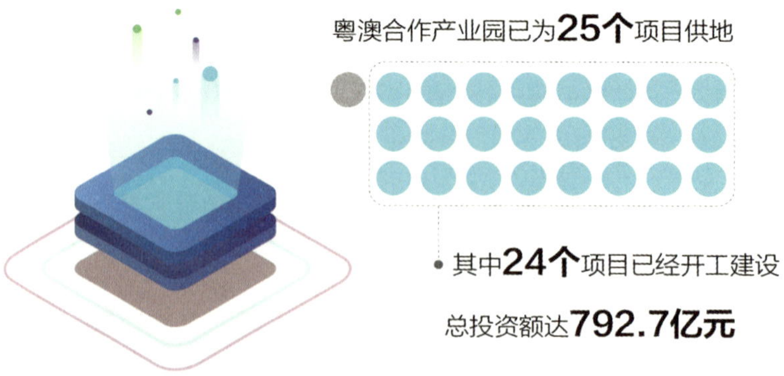

图 1-5　粤澳合作产业园已为 25 个项目供地

■科学家在粤澳合作中医药科技产业园内做实验（关铭荣摄）

与珠海一水之隔的澳门发展空间不足，珠海将粤澳合作产业园余下的2.57平方公里土地按“澳门特区政府牵头，横琴新区全力配合，琴澳双方共同参与”的方式重启招商，重点瞄准高新技术产业和人工智能、生物医药、数字经济等战略性新兴产业和高端服务业。截至2020年5月，包括粤澳合作中医药科技产业园在内，粤澳合作产业园已为25个项目供地，其中24个项目已经开工建设，总投资额达792.7亿元。

另一方面，破解体制机制障碍，粤港澳大湾区的人流、物流、资金流等创新要素的流动越来越便利，成为带动经济发展的核心引擎。

2020年4月，松山湖材料实验室与香港理工大学联合培养博士生协议在“云”端签署。该实验室致力于建设成为有国际影响力的新材料研发南方基地，打造粤港澳大湾区的创新高地。

■珠海将以粤澳合作产业园、粤澳合作中医药科技产业园、横琴澳门青年创业谷等平台为重点，协同推进特色金融、休闲旅游、高端装备制造、生物医药、文化创意等产业发展。图为横琴澳门青年创业谷（关铭荣摄）

数据显示，截至2019年底，广东在光明科学城、松山湖科学城、深港科技创新合作区等区域，布局建设24家省级新型研发机构，吸引近10万工程师、技术工人。

疫情下粤港澳三地创新资源加快集聚，推动大湾区在更深层次上拥抱科技创新，向国际科技创新中心迈进。

世界知识产权组织等发布的2020年《全球创新指数报告》将深圳—香港—广州创新集群评为全球科技集群的第二名。[1]

中国世界贸易组织研究会副会长、商务部研究院原院长霍建国认为，在当前的国际形势下，粤港澳大湾区更应进一步扩大开放，努力创

[1]2020 年《全球创新指数报告》显示，近几年来，中国的排名迅速攀升，2020 年保持在第 14 位，在专利、实用新型、商标、工业品外观设计申请量和创意产品出口等重要指标上名列前茅。中国香港也作为一个经济体参与了 2020 年全球创新指数排名，在 131 个经济体中名列第 11 位。

造商品、人员、资金自由流动的开放格局，这对于我国构建双循环格局有积极促进作用。广东要在推进粤港澳大湾区开放发展方面率先拓展新的局面，加快同国际高标准对接，突破发展的瓶颈和障碍，在开放的规制建设方面走在全国前列。

（四）创新之机：从研到产，构建产业创新循环

疫情席卷全球，科技战疫力量崛起。在这场没有硝烟的战场上，突如其来的严重疫情成为检验产学研合作的试金石。粤港澳大湾区的新型研发机构、生物医药和科技企业等发挥各自优势，把研究精力全部投入到各项攻关任务上，把研究成果迅速运用到战胜疫情中。

从检测病例所需的核酸试剂、检测试剂盒，到口罩的新材料研发、

■疫情下佛山工业企业复工复产保持良好态势。图为格兰仕生产车间（戴嘉信摄）

消毒机器人，一批批具有自主知识产权的核心科技产品涌现。疫情倒逼之下，从研到产，一个完备而相对迅速的产业创新循环，在粤港澳大湾区迅速成型。

科技战“疫”是一场人类与病毒的较量、科研与时间的赛跑。调研发现，大湾区高科技企业、新型研发机构过去积淀的研发基础，在这场科技战役中起到关键作用。

在国内疫情初期，广东率先向社会开放征集新型冠状病毒感染防治技术和产品，几天内就收集了2000多项围绕着药物研发、疫苗研发、快检试剂的开发、消杀设备、机器人、人工智能等装置和技术在医院临床等方面的应用。据不完全统计，广东研发生产新型冠状病毒防治技术、

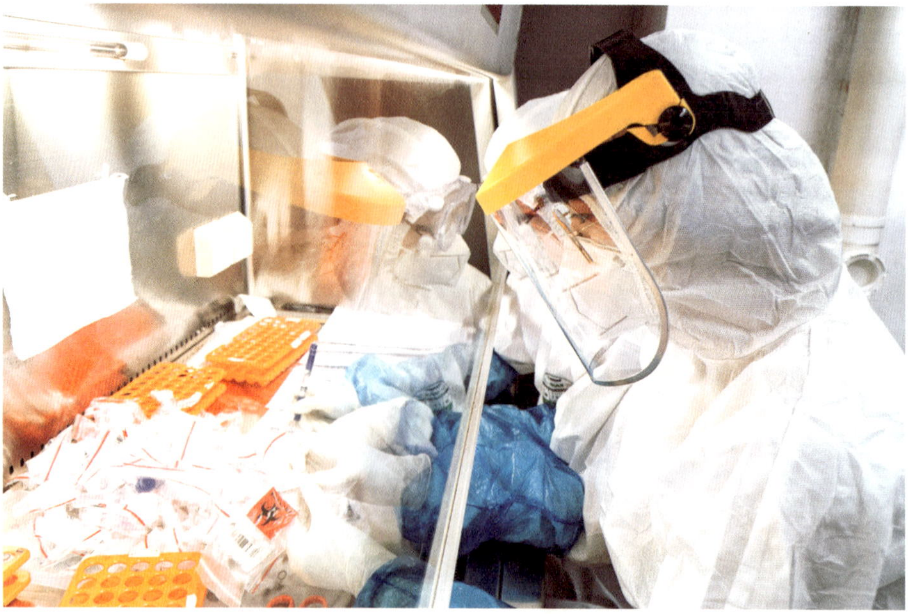

■深圳利用自身的科技创新与抗疫经验优势，积极投入抗疫国际合作当中。图为深圳“火眼”实验室，实验人员正在整理样本（朱洪波摄）

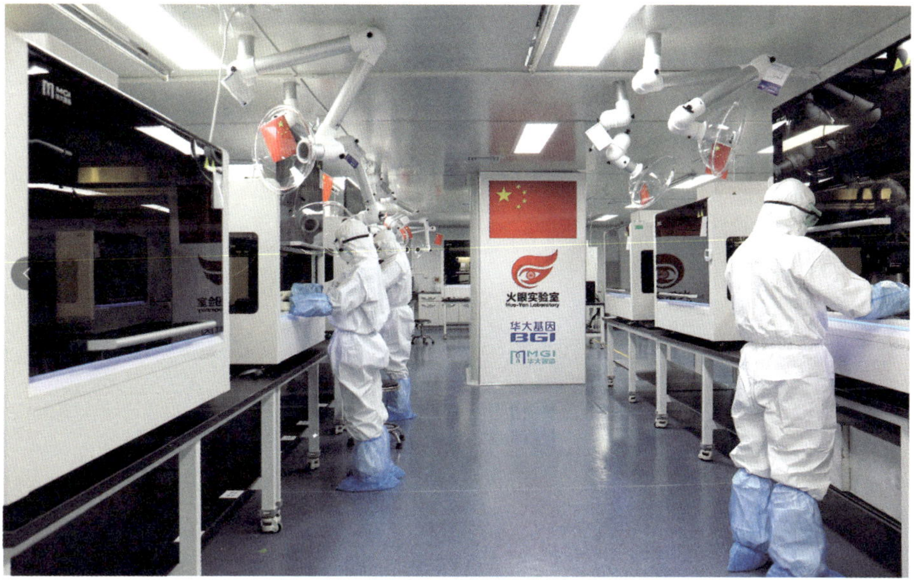

■华大基因“火眼”实验室工作人员正在做核酸检测实验（鲁力摄）

产品的相关高新技术企业和机构超过100家，包括科研院所、高校实验室等。

调研还显示，在从研发到量产的产业创新循环中，大湾区内的企业与研发机构、高校等科创力量能迅速集合、相互打通，迅速把成果运用到抗疫一线。

华大基因仅用5天时间建成“火眼”实验室，并“复制”到国内9座城市，累计完成52.4万例检测；广州赛特智能科技有限公司研制智能机器人替代医护人员高感染风险工作，在广东、湖北、江西定点医院使用；广州洁特生物过滤股份有限公司研发抑菌型连续使用式日常防护口罩，初步证明可连续有效佩戴7天。

与此同时，研发机构、高校与企业的融合发展也在加速，疫情下产学研链条迅速融合打通。

珠海丽珠试剂股份有限公司与中国科学院武汉病毒研究所合作，短时间内完成了新型冠状病毒IgG（免疫球蛋白）、IgM（免疫球蛋白M）血清学诊断试剂盒，可作为除咽拭子病原核酸检测以外的重要辅助诊断手段，这是针对新型冠状病毒检测的一大技术突破。

普米斯生物技术（珠海）有限公司主动对接防疫定点单位中大五院，利用自身技术优势，提取新冠肺炎病毒抗体，为后续抗体药物开发奠定基础。

电子科技大学广东电子信息工程研究院是东莞新型研发机构之一。疫情期间，该研究院发挥科技单位优势，组织了多家孵化企业申报省防控项目。其中，其孵化的广东迪特赛恩软件技术有限公司，研发“区域

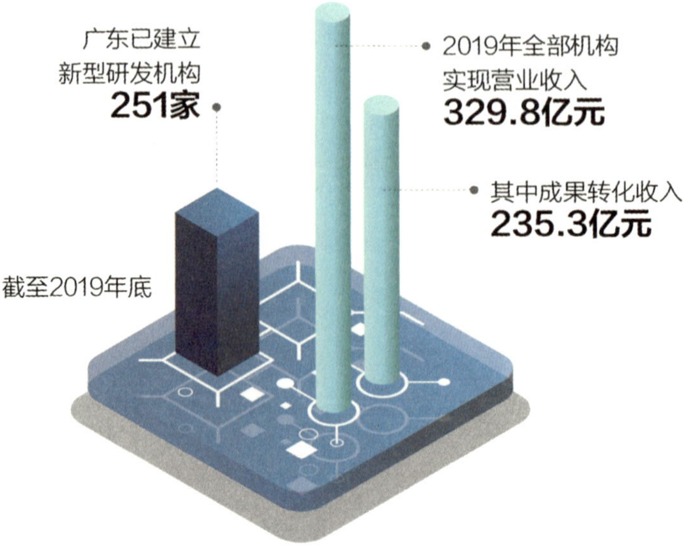

图 1-6　截至 2019 年底，广东已建立新型研发机构 251家

疫情申报跟踪系统”和“在线问诊”软件，运用大数据手段帮助地方进行疫情管理，同时满足市民线上问诊需求。

从救治到防控，从科研攻关到研发生产，大湾区科创力量火力全开，与疫情赛跑。这不仅是研发创新的紧急大练兵，也是产学研合作的有力成果体现，在这背后，是粤港澳大湾区新型研发机构的不断涌现，是产学研合作的不断深入。

截至2019年底，广东已建立新型研发机构251家，2019年全部机构实现营业收入329.8亿元，其中成果转化收入235.3亿元，呈现良好的发展态势，成为粤港澳大湾区企业创新的重要支撑力量。

【先锋企业创新样本】

金域医学：创新力量让医疗检测覆盖更广

一场艰苦卓绝的全民战“疫”中，广州金域医学检验集团股份有限公司交出了这样一份答卷：从疫情暴发初期到2020年10月下旬，金域医学团队已累计进行新冠核酸检测超2500万人次。该量级约占全国近十分之一，也是单机构中全国最大的累计检测量……

作为第三方医检的社会化力量，金域医学依托自身病毒检测技术、能力和物流网络等专业优势，弥补了基层医院检测能力的不足。与此同时，2020年，金域医学一手抓常态化抗疫，一手抓高质量发展，整体效益持续向好，2020年前三季度，金域医学总营业收入达58.27亿元，扣非归母净利润达10.20亿元，同比增长达293.16%。

“金域医学将积极融入以国内大循环为主体的新发展格局，通过改革创新推动高质量发展。”金域医学董事长兼首席执行官梁耀铭表示，企业正在建立自主创新和开放创新“双轮驱动”的科创体系，并探索出

“顶天立地”模式，助力提升国家医疗及公共卫生的服务水平。

推动尖端筛查、分级诊疗落地

从生物医药行业里的冉冉新星成长为细分领域里的领头羊，金域医学的二十六年发展之路，离不开对社会需求的洞察。

有些罕见病，医院可能一年才会有一两个患者。“罕见病的病因复杂、单一技术平台无法确诊，需要较高的运营成本。”梁耀铭说，金域医学则瞄准罕见病患者和医疗机构的需求，担纲起罕见病检验的重任。目

■金域医学所在的广州国际生物岛已经吸引数百家生物企业落户（肖雄摄）

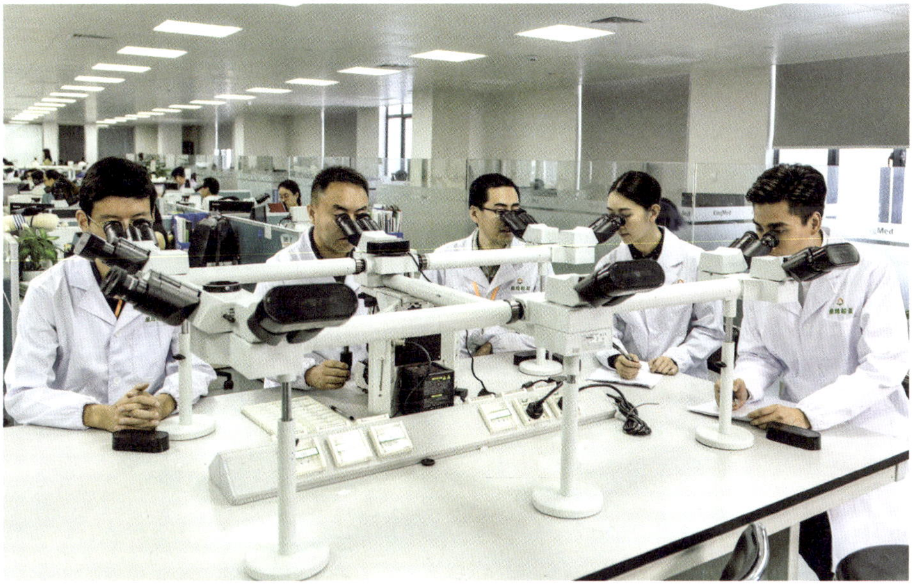

■位于广州生物岛的金域医学（肖雄摄）

前，企业服务了超过2.3万家医疗客户，服务网络覆盖全国90%以上人口所在区域，庞大的客户基数让罕见病的检验也能做到一定程度的规模化。

2020年上半年受疫情冲击，金域医学常规业务营收普遍受到影响，但高端项目，特别是血液、肿瘤、自免等重点疾病领域产品表现较为抢眼。

"这显示了发展变革和科技创新使得企业抵御风险能力增加。"梁耀铭指出，"这些高端项目的推出，为三级医院疑难杂症的诊断提供了'顶天'的服务，也就是检测项目的供给侧结构性改革。"

金域医学开展医疗服务，"立地"效果同样显著。该企业紧紧围绕国家医改，推动助力提升各级基层医疗机构诊疗水平的技术创新和服务创新，除了在31个省（自治区、直辖市）及香港均建立了中心医学实验室外，还建立了600家联合快速反应实验室、2300家物流网点，服务网络延伸至乡镇一级，助力医疗资源均等化、可及性。

携手院士、名企争创世界一流

长成“参天大树”之后，金域医学意识到，单靠一家机构或企业的力量，很难实现多点、多维度、成体系的突破。为此，金域医学尝试与各领域“最强者”合作，打造医学诊断科技创新的开放式生态体系。

“除了自主创新，我们还借助外力，推动协同创新与开放创新。”梁耀铭提到，2017年上市后，公司确立了“以客户为中心、以临床和疾病为导向”的战略方向。

英国皇家学会院士、被视为无创产前DNA检测（NIPT）技术奠基人的卢煜明教授，千挑万选之后将其在中国内地唯一一个实验室落户金域医学。此外，钟南山、曾溢滔、侯凡凡等院士也纷纷加入金域医学，设立了院士工作站。

通过协同创新，金域医学目前已经牵头或加入了13个国家级疾病联盟，成为打造科技创新开放生态体系的重要一环，为临床和疾病诊断提供服务与支持。

科学家是开展基础创新的砥柱力量，企业则是实现创新成果落地的市场尖兵。目前，金域医学每年检测标本超过7000多万例，已积累全球最大的东方人种疾病样本和数据资源。

以大样本、大数据为平台，金域医学与华为联合开发AI辅助宫颈癌筛查，病理的阅片速度提升10倍，达到国际上已知的最高水平；与腾讯、舜宇光学合作，推出国内首个获准临床用智能显微镜。

“我们将通过集成‘数据’这一生产要素，以数据赋能平台，实现发展质量的转型升级。”梁耀铭说。

观察眼

科技助力“有备之战”，创新实现“转危为机”

在抗击新冠肺炎疫情的火线上，金域医学一战成名。这并非是“临战上阵”的侥幸胜利，而是经历了多年科技创新积淀后的“战必胜、攻必克”。

早在2018年，金域医学便在广州呼吸健康研究院专家团队的指导下，按照P2+实验室建设标准建设了“临床呼吸道病毒诊断与转化中心”。该中心是呼吸道疾病国家重点实验室病毒诊断研究分室，其使命正是要在应对急性、突发性传染病时能发挥至关重要的作用。

2020年大年初一，人们还在阖家团圆的时候，金域医学的科研工作

■广州生物岛金域检测科技股份有限公司临床基因组检测中心（肖雄摄）

者便已完成了首个新冠肺炎核酸检测的任务。来自地级市的3例标本从进入实验室到核酸提取检测再到出具报告，仅用三个半小时。

这源于金域医学医疗检测技术的厚积薄发。目前，金域医学成立了以钟南山院士为主席、6位院士担纲组成的学术委员会。企业拥有100多项核心技术与产品，开发了2700项检测项目技术，远超一般三甲医院的800项，相当一部分技术填补了国内空白。

进入疫情防控常态化的阶段，金域医学并未停止对精尖科创的追寻，而是在国家大力推进新基建的背景下，全面启动“一库两中心一基地”建设，接下来还要积极融入数字化发展变革中，实现以数据为基础推动科技与管理创新、以生物技术与新一代信息技术为基础推动技术融合创新，让高质量发展更上一层楼。

科创事业的大楼不是一天建成的，正所谓“九层之台起于垒土”，只有注重科创要素的长期积累，才能在沧海横流中彰显英雄本色。

贰 全球新变局下的粤港澳大湾区创新趋势

新时代，新使命。在疫情冲击下，在不断重塑的全球经济格局下，粤港澳大湾区作为世界级湾区的后起之秀，呈现四个方面的创新趋势：

——开启跨界发展热潮。从单一产品向多个产品，从单一产业门类向多元化产业布局发展，通过创新提升企业发展韧性；

——由点到线横向拓展。从实现具体功能出发，向提供平台化服务转型，通过大数据、云计算等新技术实现业务沉淀，催动技术创新、模式创新；

——产学研合作更加深化。产业与科研两张皮的痼疾正在被更加紧密的产学研合作所替代。新型研发机构如雨后春笋涌现，就是最好的体现；

——创新生态更加丰茂。创新，企业是主体，但远远不是全部。政策引导、基础研究、资金支持、宜居环境……对于创新都不可或缺，令人欣喜的是，一个涵盖全面、资源丰富、高度活跃的创新生态正在粤港澳大湾区蓬勃兴起。

（一）创新领域：从专精到跨界

疫情给全球企业带来了前所未有的挑战。很多产业集群都受到全球经济下行、消费需求减少、外贸订单减少等波及影响。调研发现，契合新的消费需求，跨界发展，向价值链中高端环节迈进，是不少粤港澳大湾区企业交出的答卷。

跨界研发生产抗疫产品就是最为典型的案例。

针对疫情防控阻击战中口罩紧缺的形势，广汽集团借助制造优势和技术人才优势打造生产口罩的设备和生产线，仅用半个月时间即实现口

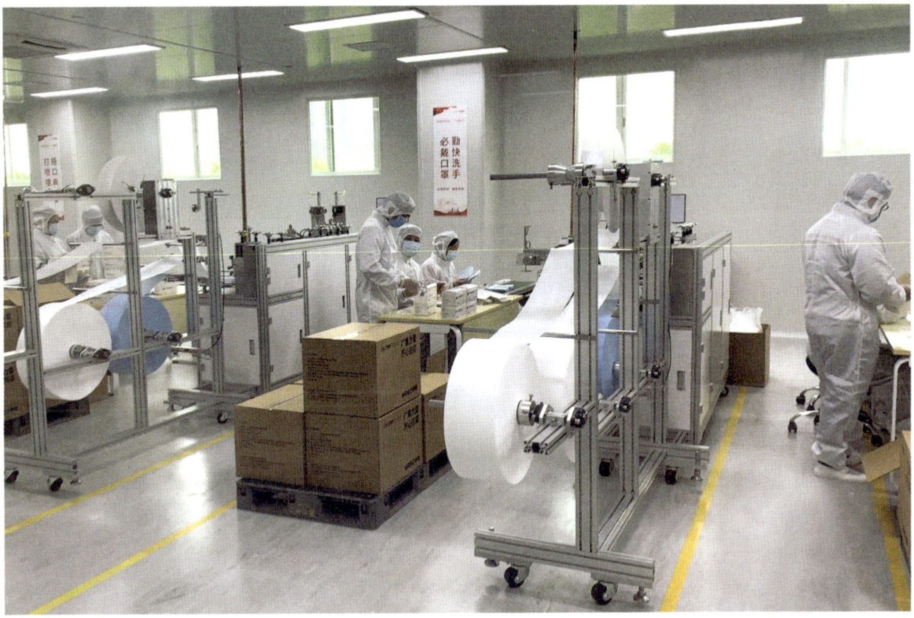

■广汽集团口罩生产线（宋杰摄）

罩生产。口罩日产量最高达到约105万只，累计产量超过7500万只。

作为一家大型专业机械设计和精密机械制造集团企业，佛山市南海中南机械有限公司从2月初就开始做口罩机生产所需的零部件，设备研制定型仅花了十天左右时间。

短时间研发出口罩机，一方面离不开大湾区企业几十年的制造经验累积和创新研发的能力，另一方面也凸显了大湾区产业供应链的完备。

广汽集团董事长曾庆洪说，研发口罩机时，各地还在放假，口罩设备的配件和原材料都很难找到，经过发动珠三角地区配套厂家进行配合，才制成41台设备。但有了设备，还要解决生产口罩原材料的难题，如熔喷布等口罩原料极度紧缺，在配套厂家的努力下，利用生产汽车内饰材料设备进行改造，转产熔喷布。

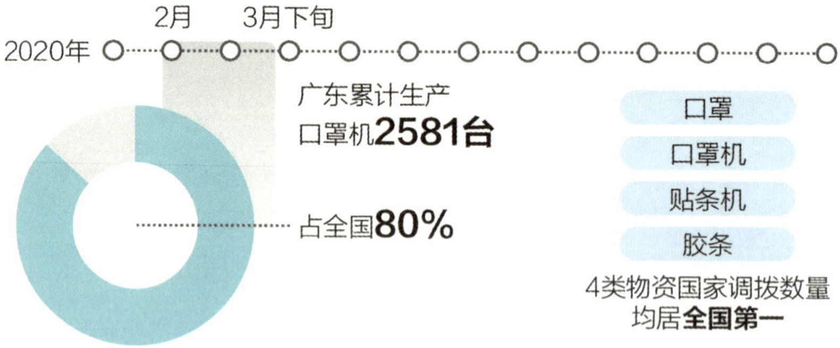

图 2-1　广东省口罩、口罩机、贴条机、胶条 4 类物资国家调拨数量均居全国第一

数据显示，从2020年2月到3月下旬，广东累计生产口罩机2581台，占全国80%；口罩、口罩机、贴条机、胶条4类物资国家调拨数量均居全国第一；广东全省口罩日产量达2300多万只，彻底扭转“一罩难求”供应紧张局面。

跨界研发抗疫产品，只是大湾区企业从专精到跨界转型升级的一个缩影。调研发现，得益于大湾区雄厚的制造业基础和完备的产业配套，越来越多企业意识到，拥有核心技术、延伸全产业链配套，才能不受制于人，才能更好地抵御外部风险。

格兰仕跨界研发芯片。继2019年9月正式发布全球首款物联网芯片“BF-细滘”后，格兰仕2020年更发起成立广东跃昉科技有限公司，以跃昉科技为基础打造千亿级芯片产业生态链，以开源芯片、边缘计算等前沿科技产业化为全产业链强筋健骨。研发芯片投入高、风险高，但这项战略投资将创造出高效、安全、可定制、低成本四大优势，这将支撑格兰仕未来的持续增长和领先发展。格兰仕的芯片，不止于自研自用，更是要实现技术能力的开放，帮助更多中国企业掌握核心能力。

同样将跨界创新作为转型策略的还有盛路通信。这家通信领域龙头企业在2014年并购深圳一汽车电子企业，又在2015年进军军工产业。该公司董事长杨华认为，转型不能局限在一个领域，公司通过并购由单一生产到多线发展，接下来，公司将持续加强研发能力，尤其是加强自研芯片的研发，不断提高自研芯片在军工电子和民用通信产品中的应用比例，并在此基础上将产品做大、做精、做强。同时，向上下游扩张，打造技术底蕴深厚的军民两用通信技术公司。

（二）创新内容：从功能到平台

随着“互联网+”的深入发展，平台经济大行其道。国务院发展研究中心产业经济研究部部长、研究员赵昌文和经济研究部研究室主任、

■第六届中国电子信息博览会开幕，深圳企业“智领”人工智能、机器人、物联网等行业（鲁力摄）

■物博会上展示的物流分拣线（鲁力摄）

研究员许召元的研究发现，不仅很多互联网科技型企业快速成长为平台型企业，包括美国苹果、IBM，英国的罗尔斯罗伊斯等制造企业，也依托平台整合和搭建制造与服务生态系统，演变为平台商。[1]

新冠肺炎疫情让不少企业发展受到影响，但依托互联网产业的发展基础，很多大湾区的企业也迅速完成了从功能性工具到平台服务的转变，在疫情下迎来了新的发展契机。

调研发现，通过社区平台聚人气、聚流量，抢占流量入口，成为当下不少互联网公司的选择。

比如，音乐App已不再仅仅是听歌的工具。2020年7月，QQ音乐经历了新一轮的重大改版，新发布的10.0版本拥有了一个全新的功能——

[1] 赵昌文，许召元，等．新工业革命背景下的中国产业升级．北京：北京大学出版社，2020：33-34.

扑通社区。腾讯音乐娱乐集团副总裁侯德洋认为，通过这个社区，用户可以更加纯粹、便捷地与同好交流互动，扑通社区将连接偶像、粉丝和具有各种基于音乐娱乐的相似兴趣的其他用户。

调研发现，平台不仅能聚人气，还能通过信息触达解决信息不对称带来的弊端，更多的服务模式被重构。

来自广州的探迹科技用大数据和AI帮助企业全方位提升销售效率。探迹拥有超过1亿的全量企业知识图谱，其数据维度超过1万，可帮助企业大浪淘沙，精准匹配客户，随后通过探迹触达、探迹CRM等产品帮助企业快速成交、高效管理客户。尤其是在疫情下，探迹科技正在为更多外贸企业出口转内销提供了智能获客渠道。来自深圳的铭华航电，通过探迹科技的智能云平台，高效寻找客户，有力抵抗疫情的影响，订单逆势增长200%。

平台思维也推动着传统产业转型升级。调研发现，通过聚合多方资源，联通上下游产业链，互联网平台正重塑着传统产业的布局。

东莞市雅绮服装有限公司在疫情期间出现了电商业务的大爆发。平

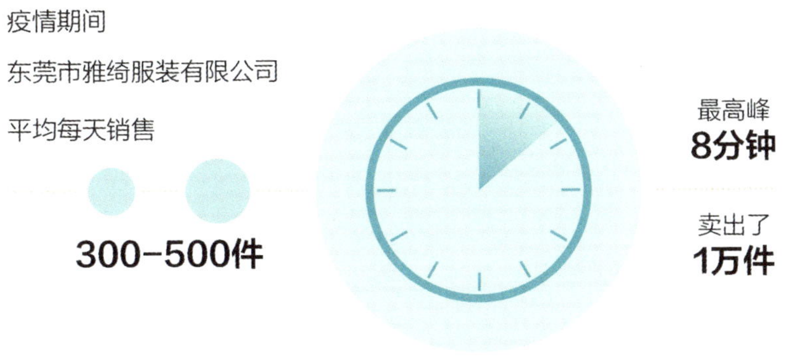

图 2-2　东莞市雅绮服装有限公司疫情期间电商业务大爆发

均每天销售300—500件，官方活动最高峰的纪录是8分钟卖出了1万件。在这背后，是雅绮服饰以平台思维布局跨境电商。

雅绮董事长刘剑波表示，直播、短视频等热潮涌现，但直播领域乱象丛生，质量参差不齐，因为直播主播、机构对服装等行业的专业程度极低，在市面上推荐的产品质量也良莠不齐。公司通过推动合作主播和直播机构合作，同时培养了解行业的主播，为国内有直播或主播需求的企业，提供配套供应链服务。这对于主播、直播机构和有直播需求的公司来说，是双赢的结果。

而对于一直做平台服务的企业来说，疫情改变了人们的生活工作方式，也推动着平台服务升级迭代。

在疫情下，绿色、低碳、健康的智能办公系统也受到更多的关注。广州隽智智能科技有限公司专注于物联网平台及物联网软硬件开发。该公司在原有平台的基础上，推出可视化、数字化的3D可视的物联网大平台。一方面，平台数据呈现更立体，另一方面，应用的范围从室内扩展到室外，不仅是写字楼，科创园区、政府大院、大型综合车站等场所都能使用。

物联网平台一端连接使用方，另一端连着供应商。广州隽智智能科技有限公司负责人表示，升级后的平台让该公司收获了不少的订单。公司不仅研发自有品牌的智能办公用品，同时也会链接资源，聚合国内外高端的智能办公产品。通过自主开发的物联网平台，链接了一个完整的创新生态圈。

从功能性工具到平台服务，商业模式的升级，让众多企业的转型升级之路越走越宽。业内人士认为，在互联网的推动下，提供平台服务这一商业模式已越来越普遍。多变平台作为中介，将两个或两个以上不同的、却又相互依赖的群体集合在一起，通过客户群的互动为参与各方创造价值，参与的用户越多，平台价值就越大。

（三）创新链条：从科研到产业

经济学家W.W.罗斯托提出，到2050年，包括中国在内的一批发展中国家和地区“将进入趋于技术成熟阶段，并掌控那时存在的所有重要技术”。在这过程中，关键问题在于，如何有效利用已经掌握的科学知识和工程技术，而这又取决于“在科学家、工程师、企业家和劳动力之间建立并维持高效、灵活和互动合作关系的能力”。[1]

在粤港澳大湾区打造国际科技创新中心的过程中，新技术和新产品研发能力不足是制约企业创新发展的重要原因。调研发现，为弥补这一短板，广东正努力开拓外部创新资源渠道，从企业的创新合作，到政府

■松山湖国际机器人产业基地（孙俊杰摄）

[1] 罗斯托．经济增长理论史——从大卫·休谟至今．陈春良，茹玉骢，王长刚，郑恒，译．杭州：浙江大学出版社，2016：734，737.

三部两院一省的产学研合作计划；从项目合作到研发机构和平台建设合作；从国内合作到国际合作，珠三角创新网络体系范围不断扩大，内涵不断提升。

而在这其中，新型研发机构的建设与发展成为一道亮丽风景。对于国际科技创新中心来说，基础研究的重要性不言而喻。但在基础研究与产品开发之间，还存在着巨大的沟壑，这一沟壑被业界比喻为“死亡之谷”。而能使众多研究成果越过“死亡之谷”，实现商品化、产业化的，便是新型研发机构。它们接近市场、通晓技术，能成为有效连接研发资源与产业后端的重要桥梁。

新型研发机构是指聚焦科技创新需求，主要从事科学研究、技术创新和研发服务，投资主体多元化、管理制度现代化、运行机制市场化、用人机制灵活的独立法人机构，可依法注册为科技类民办非企业单位（社会服务机构）、事业单位和企业。

与传统的研发机构相比，新型研发机构具有“创新、创造、创业和创富”四创功能，其研发更加结合产业发展的创新需求，创新链更加丰

图 2-3　基础研究与产品开发之间存在着巨大的沟壑，这被业界喻为“死亡之谷”

■在深圳，有一些特别的机构，既像研究机构、学校，又像企业，深圳清华大学研究院就是一个典型的例子（鲁力摄）

富，甚至是全创新链。同时还拥有强大的成果转化、孵化育成和创业发展支撑。由于集多种功能于一体，新型研发机构在管理上打破了传统研发机构行政事业管理体制和机制的条条框框，实行行政事业型管理与市场化管理的有机融合。

国外新型研发机构已经取得丰硕成果。例如，在美国的创新研究院的设计中，通过“创新选择，规划先行”和“成本共担，利益共享”的发展思路，充分利用有限资源形成“创新—商业化—生产”的良性发展途径。[1]

与之类似，广东新型研发机构创新实践有望为全国的新型研发机构建设与发展提供有益指导。广东华南工业设计院、广东华中科技大学工业技术研究院、东莞市横沥模具产业协同创新中心、东莞松山湖国际机

[1] 中国电子信息产业发展研究院．美国制造创新研究院解读．北京：电子工业出版社，2018：70，78.

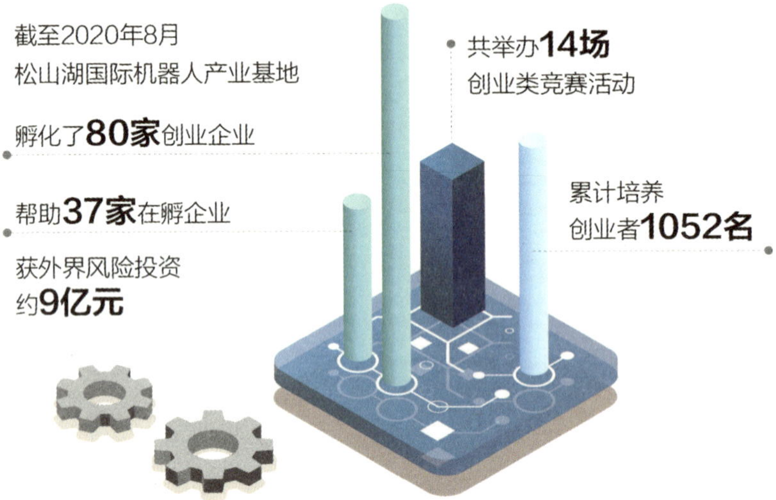

图 2-4　松山湖国际机器人产业项目孵化企业情况

器人研究院等一大批新型研发机构已得到社会各界高度认可，成为业内发展的标杆。

以东莞松山湖国际机器人研究院为例，过去近6年，香港科技大学教授李泽湘等创业导师联合发起的松山湖国际机器人产业基地，创业环境、条件、氛围和支撑体系逐渐成熟，已经涌现出一批极具发展潜力的科创公司，如逸动科技、云鲸智能、卧安科技、恩茁科技、海柔创新。截至2020年8月，机器人基地孵化了80家创业企业，帮助37家在孵企业获外界风险投资约9亿元，共举办14场创业类竞赛活动，累计培养创业者1052名。

2020年8月，松山湖国际机器人产业项目正式封顶，项目综合了人才培养、技术创新、企业孵化三大平台职能，预计将于2020年底竣工，2021年正式启用。李泽湘表示，项目最主要目标是孵化创业公司，从0到1再到N推动科技和教育的融合，力争形成教育、科技、产

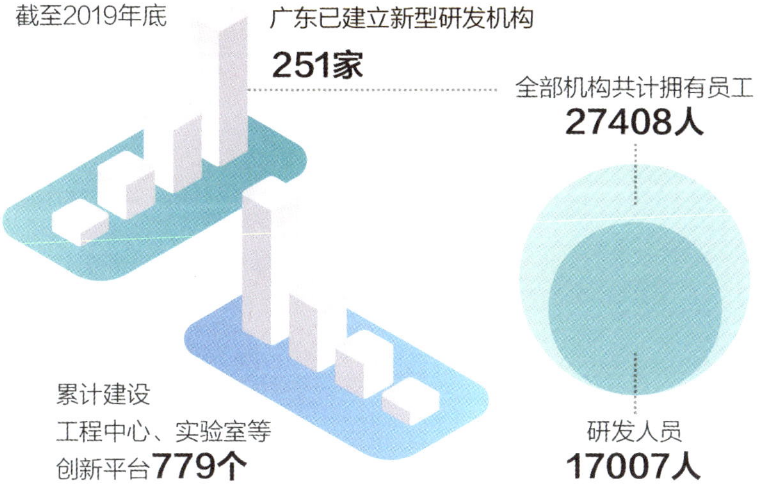

图 2-5　截至 2019 年底，广东已建立新型研发机构 251 家

业、核心技术研发等一条龙的孵化基地。据了解，建成后的园区可容纳100多个团队。

深圳清华大学研究院也是新型研发机构中的代表，该机构首次提出了“四不像”创新模式，兼具大学、科研机构、企业、事业单位四类主体的特征，将科技研发、成果转化、产业孵化、企业培育、投资服务等功能融为一体。

该类新型研发机构既能分享在通信、新能源等技术领域取得的先进科研成果，为企业解决技术难题；又能在企业融资方面，为高科技企业提供市场信息，协助申请各项科技基金，帮助高科技企业申请银行贷款担保等。

如今，蓬勃发展新型研发机构已成为广东战略性新兴产业和高技术产业研发平台、科技成果转化和孵化育成基地建设，以及高端科研团队

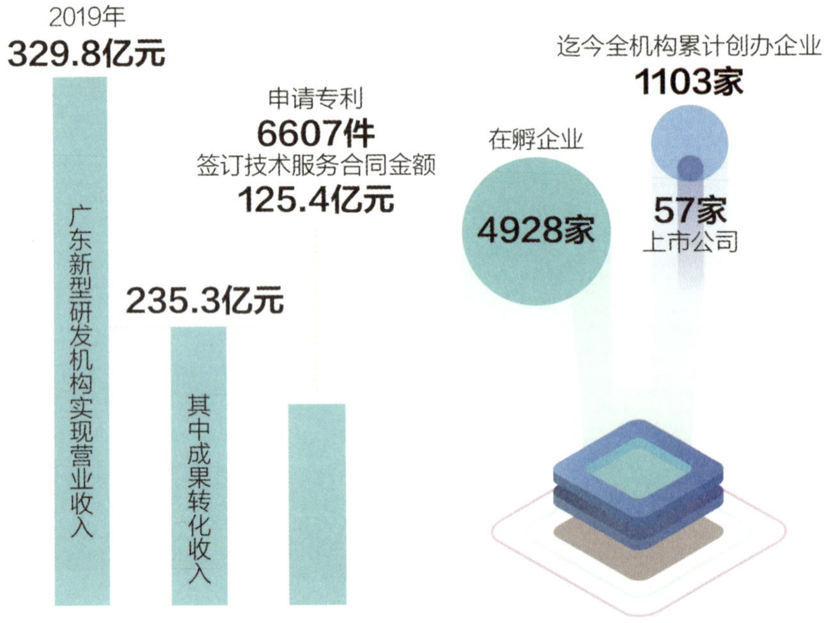

图 2-6　2019 年广东全部机构营业收入情况

和先进的科研成果汇聚的核心载体，并成为广东创新体系建设与发展一支重要生力军。

（四）创新环境：从政策到生态

开放型创新环境的构建，需要政府、企业、科研院所、高校、个人等创新主体的有效汇聚、协同合作、共生演进。

调研发现，在粤港澳大湾区，一个由政府出政策搭平台、行业制定标准、企业和科研机构协同合作的创新生态圈正在加速成型。其中，大湾区5G生态圈的构建就是一个典型的案例。

放眼全球产业版图，5G已成为世界各国信息智能时代的竞争制高点。作为我国的通信大省、网络大省，广东前瞻性布局5G基础设施建设。早在2018年，《广东省信息基础设施建设三年行动计划（2018—2020）》发布，以广州、深圳首批试点为契机，加大投资力度，推动5G规划布局，为2020年前实现5G商用做好充分准备。公开数据显示，目前全球超过50%的5G基站在中国，而广东则领跑全国。

在此基础上，广东于2019年5月出台加快5G产业发展行动计划，提出到2022年底5G整体技术创新能力世界领先；2020年又出台了25条新政推动信息服务与消费，预计年底建设6万个5G基站、5G用户达2000万，带动5G相关消费超百亿元；此后又发布了《广东省“5G+工业互联网”应用示范园区试点方案（2020—2022）》。

著名经济学家林毅夫认为，要攀登产业和技术的阶梯需要满足很多条件，一个灵活、流畅的产业和技术升级过程，需要政府介入以同时改

2020年8月，深圳宣布5G独立组网全覆盖。图为南方电网的工作人员检查变电站内5G基站（鲁力摄）

■香港青年、雨果传媒总经理郑鹏翔担纲抖音主播，为客户做零食带货直播（梁钜聪摄）

进教育、金融和法律制度以及基础设施。[1]

在广东，政府在营造创新环境中发挥了重要作用。随着广东全省层面5G发展行动计划制定与实施，各个地市也围绕自身产业基础和特点，开始积极布局5G产业，并筹划制定符合区域发展的5G发展政策。此后，广东全省第一批5G产业园成为新产业起飞的平台。

以广深两地为例，截至2019年11月底，两市建成5G基站数约占广东全省同期总数87%。其中，广州主抓科学城、知识城、天河软件园3个核心产业基地建设，深圳则培育深港科技创新合作区、龙华九龙山等五大5G产业集聚区以及深圳高新区、坂雪岗科技城等5G重点产业片区，拥有华为、中兴、大疆、深南电路等一大批本土企业。

以5G产业园区聚集效应为带动，广东抓紧布局数字经济等战略性新

[1] 林毅夫．新结构经济学．北京：北京大学出版社，2012：170.

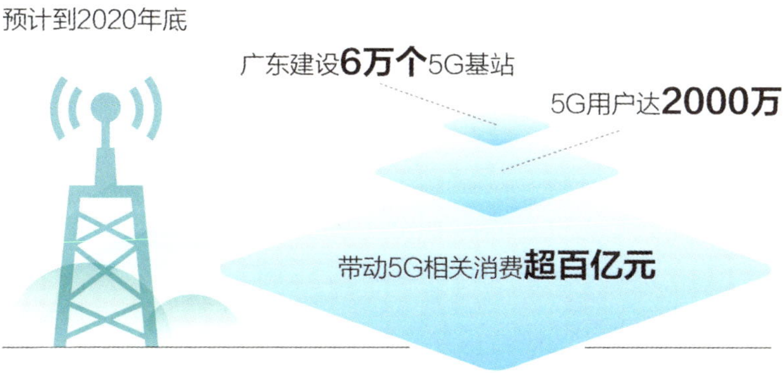

图 2-7　广东预计 2020 年底建设 6 万个 5G 基站

兴产业，一批百亿级、千亿级、万亿级梯次发展的先进制造业集群将在这里加快崛起。

粤港澳大湾区5G生态圈的构建，为新基建相关产业的发展提供了重要的借鉴。

2020年11月，《广东省推进新型基础设施建设三年实施方案（2020—2022年）》提出，到2022年，广东新型基础设施发展水平领先全国，初步形成以新发展理念为引领，以科技创新为驱动，以信息网络为基础，支撑数字转型、智能升级、融合创新的新型基础设施体系。[1]

目前，省发展改革委已会同各地各部门对广东全省目前在建及正在谋划的新型基础设施项目进行了梳理，初步汇总了700多个项目，总投资超1万亿元。

调研中，不少企业和专家都认为，广东之所以有魄力开展新基建建

[1]《广东省推进新型基础设施建设三年实施方案（2020—2022 年）》还提出，按照“1+4+10”框架即“构建一体化网络、打造四大集群、推进十大工程”，其中“1”是指以构建泛互联一体化网络为主体，“4”是以打造四大创新能力支撑集群为重点，“10”是以推进十大智慧工程建设为抓手。

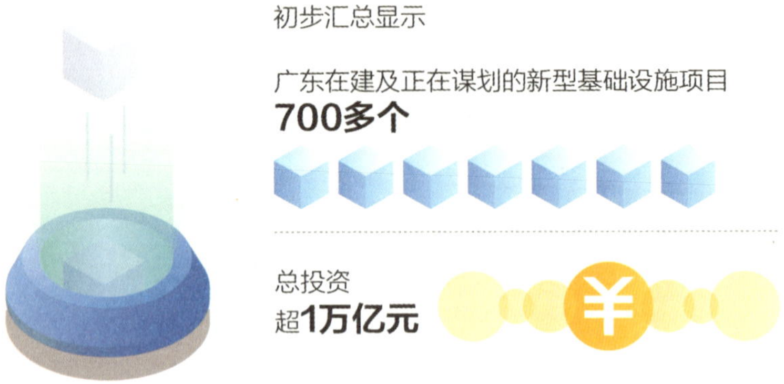

图 2-8　广东全省目前在建及正在谋划的新型基础设施项目

设，很大原因是前期需要较大资金投入，地区生产总值跨过十万亿的广东相较其他省市来说，经济实力更为雄厚，市场力量更加活跃，足以支撑大手笔的新基建。

■深圳河右侧为香港区域，左侧为深圳福田保税区（鲁力摄）

与此同时，新基建的“投资—收益”周期较长，在很多项目的启动阶段，政府可以引导、推动5G辅助技术的研发，而随着前期布局的逐步完善，企业将接过政府的“接力棒”，唱“主角戏”。在细分领域深耕的企业发挥各自优势，实现面向B端的应用，面向行业、关联产业提供端到端的服务，从而形成规模化、可持续性的发展。

【先锋企业创新样本】

美的集团：百亿投入推动转型，打造智造标杆工厂

2020年11月10日，位于佛山顺德的美的集团（下称“美的”）宣布一则重磅消息：将投资30亿元在顺德杏坛建设全球领先的机电产品生产基地，打造全国工业4.0智能制造示范基地，预计全面达产后产值可达150亿元。

距离美的南沙工厂入选全球“灯塔工厂”仅过去两个月，美的决心建设又一个世界级的“灯塔工厂”。通过智能制造颠覆传统生产模式，并创造新的商业模式，这已经成为美的业绩增长的重要支撑。作为美的智能制造对外输出服务载体的美云智数，已服务超过200个行业领头企业。

从一台电风扇起家，在成为全球白电龙头企业之后，如今，美的已成长为全球科技创新领域的新巨头。就在一个月前，英国品牌评估机构“品牌金融”（Brand Finance）发布“2020全球最有价值的100大科技品牌”榜单，美的位列第29位，排名中国家电企业第一。

“灯塔工厂”照亮智造之路

所谓“灯塔工厂”，是全球先进制造领域最具影响力的评选之一，由世界经济论坛和麦肯锡咨询公司共同举办，旨在遴选出全球制造业范围内应用第四次工业革命尖端技术的先进制造基地，并让这些领先者的经验成为制造业优化生产模式的指路明灯。

■ “三旧改造”后的美的创新中心焕然一新（戴嘉信摄）

截至目前，全世界范围内的“灯塔工厂”仅50余家。2020年9月，世界论坛宣布最新入选的10家“灯塔工厂”，其中有四家位于中国境内，包括美的南沙智能工厂。这也是美的首次入选“灯塔工厂”。

作为中国家电行业的“领头羊”，美的坚持创新生产模式，以期从传统制造的窠臼中走出，迈向科技型企业。自2012年起，美的开始进行数字化统筹与建设，并开展工业互联网平台构建与研究。至今8年，美的集团已经在数字化转型方面投入超过100亿元。

位于广州南沙的智能工厂是美的首个全智能化的制造基地，也是智能制造探索的“集大成者”。据美的南沙工厂负责人赵攀介绍，该工厂经过不断改造，人员从最高峰时的6000人减少至3000人，但工厂的净利润却比改造前增长了近20%。

通过自主研发的工业互联网平台M. IoT，美的不仅打通了自身产业链流程，并且开始为其他企业定制智能化方案。与此同时，美的积极寻找新跑道，开启从家电业跨界进入科技界的全面变革。通过收购德国机器人巨头库卡，入股高创，与日本安川电机合作，美的在世界机器人产业竞争中占据一席之地。

未来，美的在数字化和机器人方面的探索将在新的“灯塔工厂”中得到进一步的体现。“杏坛工业园将利用美的自主研发的工业互联网、机器人自动化等软硬件产品技术能力，结合5G、AI、AR、大数据、SCADA（数据采集与监视控制系统）、云平台等创新技术，进行一次全新的设计和规划。”美的集团董事长兼总裁方洪波说。

全球“大脑”助力科创研发

科技创新离不开人才支撑。2020年11月9日，福布斯中国推出最新的30岁以下精英榜。美的中央研究院院长助理兼流体力学研究所所长胡斯特赫然在列。

2017年，胡斯特于北京大学博士毕业后加入美的，仅两年，便成为美的中央研究院院长助理兼流体力学研究所所长，也是美的中央研究院目前最年轻的所长。正是因为“胡斯特们”的加入，使得美的成功从传统迈向科技。据了解，目前，美的研发体系中，博士超过500人，硕士达3000余人。

美的创始人何享健曾说：“美的（20世纪）60年代用北滘人，70年代用顺德人，80年代用广东人，90年代用中国人，21世纪用全世界的人才。”过去数年，美的在拓展全球市场的同时，也树立起国际人才观，将研发体系延伸至世界各地，借全球“大脑”实现技术跨越。

数据显示，目前，美的研发人员已超过10000人，外籍资深专家超过500人，并在包括中国在内的11个国家设有28个研究中心。同时，美的的研发投入也屡创新高：过去5年研发投入累计接近400亿元，2019年研发投入突破100亿元。

2020年9月30日，在顺德召开的人才工作大会上，美的集团人力资源总监刘敏表示，美的在人才引入方面进一步加大了力度，近期企业在人工智能、机器人、大数据等领域，引进了一批具有非常高专业水平的专家，通过他们进一步加强在这些领域的人才招聘力度，并在内部设立了专门的团队负责专家的搜寻、引进和服务工作。

刘敏透露，近年来，美的集团每年都要完成2000多人的校园招聘工作，其中硕博占比超过50%，覆盖国内所有双一流院校以及海外知名院校。2021年，美的计划在全球引入1900名硕士人才，160名博士人才，重点聚焦在噪音、材料、仿真、电控、变频技术、算法、人工智能等方向。

观察眼

没有传统的企业，只有传统的思维

五十年前起步于佛山顺德街道工厂，美的一直沿着市场化道路，不断创新变革，稳步发展，一路“闯进”世界500强。到今天，美的已经摆脱传统制造这一标签，代之以科技集团。

回首来时路，美的是敢于自我革命的，2011年，在美的产值突破千亿元大关之际，企业没有选择盲目扩张，而是主动“踩刹车”，确立了“产品领先、效率驱动、全球经营”战略变革。美的也是勇于跨界的，从家电制造到机器人设备制造商再到数字化方案提供者，美的既坚守制造业，又不囿于传统制造的思维桎梏，紧跟趋势不断转型升级。

“在美的，唯一不变的就是变”。方洪波如是描述美的对创新变革的探索与追求。美的的创新变革之路值得传统制造企业参考，“没有传统的企业，只有传统的思维”，美的的发展历程正是对这句话的极佳诠释。

叁 粤港澳大湾区创新的六种力量

通过对粤港澳大湾区科创企业和相关政府部门开展问卷调查、调研走访，发现支撑粤港澳大湾区创新的六种力量正在逐步凸显：人口持续流入活力增强、资本支撑体系日益完善、重大关键技术全力突围、产业升级带来科创蓝海、深化改革激活市场机制、软硬对接夯实创新基础。

这六种力量推动粤港澳大湾区创新氛围活跃、链条融通，粤港澳大湾区打造国际科技创新中心的进程进一步加快。

（一）人才：人口持续流入活力增强

人才是驱动创新的第一动力。国务院发展研究中心研究员肖庆文认为，当前影响中国价值链升级的主要因素在于人力资本积累是否实现技能升级，为此需要更加持续的人力资本投入，厚积薄发。[1]

在粤港澳大湾区，大量人口流入为经济发展与科技创新注入源源不断的动力。智联招聘、猎聘等两大求职平台发布的粤港澳大湾区人才需求报告显示，流入湾区的人才中，受过高等教育的人才（专科、本科、硕博及以上）累计达88.44%，湾区对于受过高等教育人才的需求旺盛。

优质工作机会是全球范围内人才流动的主要驱动力。粤港澳大湾区经济较发达，从世界500强、中国500强到科技“独角兽”企业、初创型企业，大量优质企业成为吸引国内外人才的核心力量。

调研发现，超过80%的粤港澳大湾区受访企业能根据发展需求引进创新人才，超过71%的企业对创新人才有完善的考评和激励机制，67%的企

[1] 赵昌文，许召元，等．新工业革命背景下的中国产业升级．北京：北京大学出版社，2020：136-137.

表 3-1　对企业创新人才描述的同意程度

	同意	一般	不同意	其他
企业能根据发展需求引进创新人才	80.77%	15.38%	0%	3.85%
企业对创新人才有完善考评和激励机制	71.15%	25.00%	0%	3.85%
企业能很好挽留核心创新人才	67.31%	26.92%	1.92%	3.85%
创新人才在企业工作成就感高	71.15%	23.08%	1.92%	3.85%

业能很好地挽留核心创新人才，71%的企业创新人才工作成就感高。

近5年，粤港澳大湾区企业对人才的重视和支持日益提升。以广东为例，广东省科技厅数据显示，广东全省规模以上工业企业的研发人员数居全国首位。从调研结果看，2016年至2020年，受访企业研发人员占当

■澳门青年陈国成（左）选择扎根于珠澳跨境工业区，追逐自己的创业梦（关铭荣摄）

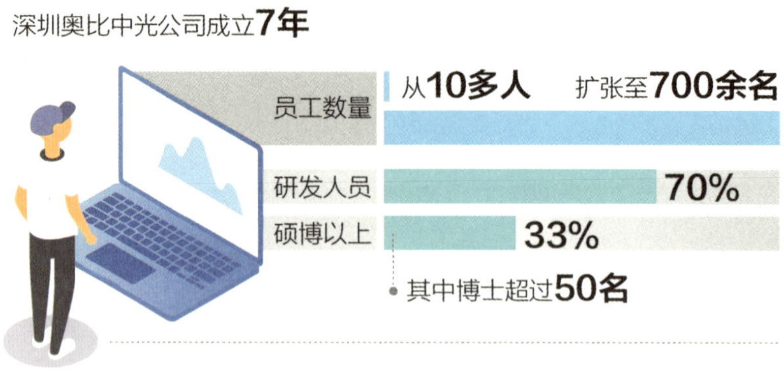

图 3-1　深圳奥比中光公司研发人员占比

年员工总数比重超过31%的企业数量不断增加，且这些企业预计2021年仍将保持较高的研发人员占比。

从典型企业、机构的行为看，高层次科技型人才加速流入势头更加明显。深圳奥比中光公司成立7年，研发的核心技术打破苹果、微软、英特尔三家巨头的垄断。该公司从创业时的10多人扩张至如今700余名员工，

表 3-2　企业研发人员占当年企业员工总数比重

	0—5%	6%—10%	11%—15%	16%—20%	21%—30%	31%—40%	41% 及以上	其他
2016 年	17.31%	15.38%	11.54%	11.54%	11.54%	5.77%	17.31%	9.61%
2017 年	11.54%	15.38%	17.31%	13.46%	9.62%	7.69%	15.38%	9.62%
2018 年	3.85%	17.31%	17.31%	11.54%	13.46%	11.54%	17.31%	7.68%
2019 年	1.92%	17.31%	21.15%	11.54%	11.54%	13.46%	17.31%	5.77%
2020 年（预计）	1.92%	9.62%	21.15%	11.54%	19.23%	15.38%	17.31%	3.85%
2021 年（预计）	1.92%	5.77%	21.15%	11.54%	19.23%	15.38%	17.31%	7.70%

■东莞松山湖材料实验室内的高效晶硅电池材料研发实验室，科研人员正在做实验（孙俊杰摄）

研发人员占比高达70%，其中博士超过50名，硕博以上员工占比达33%。

松山湖材料实验室拥有数百位科学家，其中包括10位院士、多名海外高层次人才和18个高水平创新团队。中科院院士、松山湖材料实验室主任汪卫华认为，高层次人才的“朋友圈”还可以发挥特殊的“磁吸”效应，吸引更多高层次人才前来参与。业内专家的推荐和示范无形中形成了实验室的品牌效应，提高了人才引进效率。

薪资水平高也是粤港澳大湾区拥有强人才吸引力的重要因素。普华永道的一份报告就认为，促进人员流动是促进市场互联互通的重中之重，在粤港澳大湾区范围内，相互承认专业资格和发牌制度，并保持薪酬水平一致非常必要。[1]

调研数据显示，2016年至2020年，研发人员平均薪资增加的企业占

[1] 普华永道发布的《人才政策决胜粤港澳大湾区未来》显示，粤港澳大湾区常住人口多年来保持净流入，1978 年到 2018 年，广东省的总人口增长率比全国整体约高 1.09%。

比从52%逐年提升至77%，且这一增长势头还将延续至2021年。

综合智联招聘等多家平台数据，在中国前10个高薪城市中，粤港澳大湾区占5席，依次为香港、澳门、深圳、广州、东莞，佛山居第11位。

（二）资本：金融支撑体系日益完善

创新活动需要密集资金投入。调研显示，46%的受访企业近年年均研发投入超过1000万元，主要投入引进关键人才或团队，可行性研究、测试、工程准备，购买机器设备、土地、建筑。

粤港澳大湾区日益完善的金融体系发挥了重要支撑作用。大湾区金融业发展显示出“金融+科技+产业”特征，证券交易所市值达6.22万亿美元，在世界级湾区中仅次于纽约湾区。

■潮州三环集团股份有限公司（梁钜聪摄）

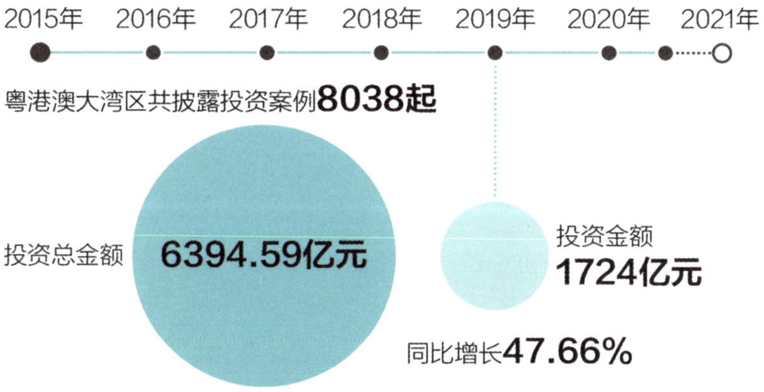

图 3-2　粤港澳大湾区共披露投资案例 8038 起

创新型、科技型企业在日益完善的资本市场中获益良多。如纳思达股份有限公司副总裁兼董秘张剑洲认为，企业与资本相互成就，共同追求多赢与互补，正是在资本助力下，企业完成了自零部件到打印机设备及打印管理服务的全产业链布局，成为全球前五大激光打印机厂商，净

表 3-3　研发人员平均薪资变化情况

年份	0—5%	6%—10%	11%—15%	16%—20%	21%—30%	31%—40%
2016 年	13.46%	38.46%	38.46%	0%	0%	9.62%
2017 年	13.46%	55.77%	19.23%	1.92%	0%	9.62%
2018 年	23.08%	48.08%	15.38%	1.92%	0%	11.54%
2019 年	30.77%	51.92%	7.69%	1.92%	0%	7.70%
2020 年（预计）	32.69%	44.23%	13.46%	5.77%	0%	3.85%
2021 年（预计）	34.62%	44.23%	7.69%	5.77%	0%	7.69%

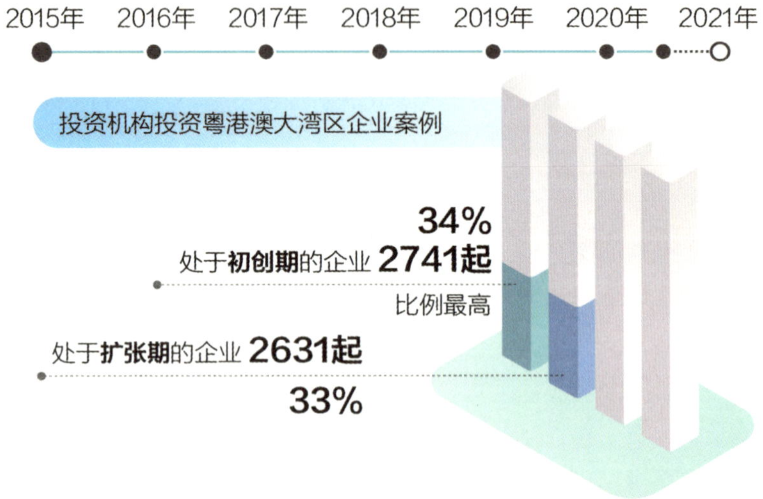

图 3-3　投资机构投资粤港澳大湾区企业案例

利润从上市时的1亿余元增加到2019年的7.44亿元。

粤港澳大湾区是我国私募股权投资最为活跃的地区之一，投资案例数及投资金额总体呈现上升趋势。

粤港澳大湾区不仅是投资的高地，也是机构聚集的热土。从私募机构数量上看，截至2020年上半年，粤港澳大湾区已在中国证券投资基金业登记的私募管理人数量超过3300家，在管基金11000余只。

初创期、扩张期企业借力资本扶持获得跨越式发展，进一步支撑了新制造、医疗健康、5G等新兴产业快速成长。

境内资本市场的吸引力越来越高。2019年和2020年上半年，粤港澳大湾区企业在境内市场上市数量持续走高，分别为158笔和115笔。

普华永道发布的《大湾区金融服务业：培养大湾区思维》认为，企业、监管机构和各政府部门有必要形成一种“大湾区思维”，采取更协

表 3-4　企业近年年均研发投入占比

	比例
100 万元以下	15.38%
101 万—500 万元	19.23%
501 万—1000 万元	15.38%
1001 万—3000 万元	13.46%
3001 万—5000 万元	5.77%
5001 万—7000 万元	1.92%
7001 万元—1 亿元	7.69%
2 亿—5 亿元	13.46%
6 亿—10 亿元	0%
10 亿元以上	3.85%
其他	3.86%

表 3-5　企业研发经费主要方向占比

	比例
购买机器、设备、土地、建筑等	46.15%
购买软件和 IT 技术装备	38.46%
从外部获取各类专利、版权、技术、非专利发明和其他类型技术	38.46%
引进关键人才或团队	88.46%
人员培训	44.23%
可行性研究、测试、工装准备等	59.62%
其他	3.85%

同的工作方式，秉承“摸着石头过河”的精神进行创新。

随着深交所创业板注册制改革、广州期货交易所正式筹建，特别是《关于贯彻落实金融支持粤港澳大湾区建设意见的实施方案》的印发实施，大湾区的创新资本正在迎来更宽广的发展契机，成为吸引全球创新资本的聚宝盆。

（三）技术：重大关键技术全力突围

粤港澳大湾区内，企业创新“挑大梁”、基础研究“补短板”两大特征明显。调研结果显示，88%的企业已设立独立研发部门；54%的企

表 3-6 企业海外发行债券融资计划比例

	比例
是	3.85%
否	63.46%
在观望	26.92%
其他	5.77%

表 3-7 企业设立独立研发部门情况

	比例
无	0%
无，但计划设立	7.69%
有	34.62%
有，计划增加投入	53.85%
其他	3.84%

3D 打印出来的广州塔模型（肖雄摄）

业不仅已设立研发部门，还计划加大投入。从研发速度看，近33%的企业新产品开发时间在1个季度以内。企业创新活跃、创新能力较强，是大湾区创新核心优势的重要来源。

广东是粤港澳大湾区企业创新的重要支点，根据《中国区域创新能力评价报告》，2017年至2019年，广东区域创新能力连续3年全国第一。“三连冠”背后，企业作为创新主体的贡献巨大，从世界500强华为公司到科技“独角兽”大疆公司，从跨国公司、行业龙头到“单打冠军”、初创企业，均在创新链条中发挥着重要作用。

上述报告学术带头人、中国科学院大学教授柳卸林评价，广东企业反映出在研发投入、产出、新产品销售收入方面的强劲创新能力，相比较其他省市而言，领先优势在扩大。

粤港澳大湾区“创新成果产业化”能力较强。调研显示，70%的企业能快速优质将新产品生产出来，超过70%的企业制造部门技术水平和工作效率高，且能不断改进生产技术、提高生产能力。

如传统制造业“单打冠军”三环集团，坚持“科技研发+产业化”，聚焦陶瓷行业新材料、新技术研发，连续31年入选中国电子元件百强企业。该企业自主研发的电阻器用陶瓷基体等多项主导产品市场占有率居全球第一，遍布于家用电器、数码设备、智能手机中。下一步还计划在部分关键电子元器件技术上达到国际先进水平，新研发产品要尽快在国内完成产业化。

基础研究不足、部分核心零部件及设备受制于人等“短板”仍然存在。调研显示，核心零部件、设备供应中断，对约96%的企业有影响，其中约36%的企业认为影响明显。

表 3-8　企业新产品开发速度情况

	比例
1 个月之内	7.69%
1 个季度	25.00%
2 个季度	11.54%
3 个季度	11.54%
4 个季度	7.69%
5 个季度	9.62%
6 个季度	1.92%
2 年	9.62%
3—5 年	7.69%
5 年以上	3.85%
其他	13.84%

表 3-9　企业创新应用能力情况

	同意	一般	不同意	（空）
企业制造部门能快速优质将新产品生产出来	69.23%	25.00%	1.92%	3.85%
企业制造部门技术水平和工作效率很高	71.15%	25.00%	0%	3.85%
企业制造部门能不断改进生产技术并提高生产能力	75.00%	21.15%	0%	3.85%
企业制造部门质量控制体系完善高效	69.23%	26.92%	0%	3.85%
企业制造成本优势明显	63.46%	30.77%	1.92%	3.85%

表 3-10　核心零部件、设备供应中断对企业影响情况

选项	比例
影响较小	28.85%
影响一般	25.00%
影响明显	28.85%
影响非常明显	7.69%
没有影响	3.85%
其他	5.76%

当前，粤港澳大湾区正全力补上“创新短板”。以广东为例，广东瞄准核心竞争力、关键核心技术和基础研究持续发力。

统计显示，广东已成为国内“十二五”以来重大科技基础设施项目布局建设较多的省份之一。散裂中子源、强流重离子加速器装置、国家冷泉生态系统大科学装置、南海海底科学观测网等一批重大科研基础设施的进

■紧邻中国散裂中子源的南方光源研究测试平台项目，将对未来南方先进光源建设发挥重要作用（黄政正、李田恬摄）

驻，标志着在信息、生命、材料、海洋、能源等重点学科领域，具有广东特色、多领域交叉、引领未来颠覆性技术的大科学装置集群初步形成。

吴军在《浪潮之巅》中提出，任何一次技术革命都有其核心技术和核心受益人群，同时每一次变革都有很强的辐射力，引发众多产业发生变化，并按照“现有产业+新技术=新的产业”的范式不断推升新的产业，让更多行业和群体受益。[1]

如今，这样的场景正在粤港澳大湾区上演。

（四）市场：产业升级带来科创蓝海

创新水平提升促进粤港澳大湾区产业加快转型升级，产业升级又反哺

[1] 吴军．浪潮之巅：第 4 版．北京：人民邮电出版社，2019：826.

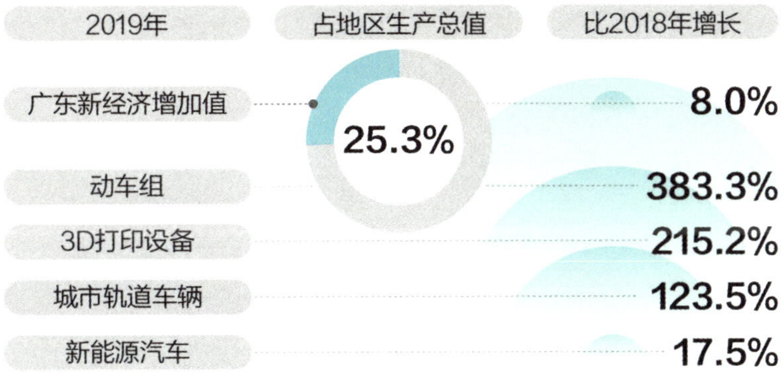

图 3-4　广东省统计局数据显示 2019 年广东“新经济”增加值占生产总值比重

创新，为创新技术、产品和服务提供更广阔的市场空间。调研显示，44%的企业新产品产值占销售总额比重超过20%。85%的企业非常了解行业新技术发展；77%的企业能灵活运用从不同渠道获取市场需要的技术，并用于新项目；81%的企业能很好地针对市场需求及时升级改进产品。

产业转型升级，让广东“新经济”企业、“新经济”产品展现新活力。

广东省社会科学院经济研究所副研究员宋宗宏认为，近年来，广东不断增加研发投入、建设基础性和应用性创新平台载体、建设新型孵化器和研发机构、加大工业技术改造投资力度等，对新兴产业发展和传统产业转型升级起到了很好的支撑作用。同时，以创新为引领和主要支撑的经济体系和发展模式加快形成，也倒逼企业不断提升高质量创新产品和服务供给能力。

（五）政策：深化改革激活市场机制

近年来，粤港澳大湾区国际化、法治化、市场化营商环境日益优

表 3-11　企业新产品产值占销售总额比例

	比例
5% 以下	5.77%
6%—10%	19.23%
11%—15%	17.31%
16%—20%	9.62%
20% 及以上	44.23%
其他	3.84%

化，一系列降成本、促创新的改革政策落地实施，极大激活市场机制，激发创新活力。

调研显示，受访企业认为对创新帮助最大的政策依次为“降低税收负担”“引进人才”“增加技术改造扶持”“降低社保成本”“降低用地成本”。其中，85%的企业认为降低税收负担对创新帮助最大。

随着产业升级的推进，国内各地以鼓励具体行业发展的产业政策逐渐从利用土地、人口等比较优势向侧重激励创新发展。北京大学经济学院教授平新乔认为，在中国产业竞争力提高的过程中，除了企业投入之外，还需要有目标、有导向的产业政策和政府项目，政府可以通过支持基础科研项目等政策举措提高增长效率和创新效率。[1]

近年来，广东支持创新的政策体系和改革举措不断完善，效应持续溢出，为企业和产业发展提供重要保障与支撑。

在全面促进创新上，2019年广东省政府发布1号文《关于进一步促

[1] 林毅夫，张军，王勇，寇宗来．产业政策总结、反思与展望．北京：北京大学出版社，2018：378.

表 3-12 企业创新能力情况

	同意	一般	不同意	（空）
企业非常了解行业最新技术发展	84.62%	9.61%	0%	5.77%
企业支持并鼓励员工提出新想法、改进现有业务	80.77%	13.46%	0%	5.77%
企业能灵活运用从不同渠道获取市场需要的技术，并应用于新项目	76.92%	17.31%	0%	5.77%
企业能很好地针对客户已有需求及时改进产品性能	80.77%	13.46%	0%	5.77%
企业为员工提供良好技术培训机会	78.85%	15.38%	0%	5.77%
企业在新项目开发中具有明确计划	76.92%	17.31%	0%	5.77%
企业不同部门能顺畅协作完成新项目运作	73.08%	21.15%	0%	5.77%
企业具有一整套完善新项目开发运作管理体系	73.08%	21.15%	0%	5.77%

进科技创新的若干政策措施》，其中12条政策、60多个政策点涉及区域创新、创新主体、创新要素、创新环境四大方面，在全国率先提出一系列具有超前性、突破性政策措施，如省科技计划项目向港澳开放、建立省财政科研资金跨境使用机制等。目前，“科创十二条”成效凸显：以企业为主体的区域技术创新体系更趋完善，广东全省国家级高新技术企业数量超过5万家；粤港澳科技合作与资金跨境使用机制确立，十多项港澳机构牵头或参与的重点领域研发计划获准立项；广东省实验室高水平研究取得重要进展，如鹏城实验室与华为共同研发人工智能领域的大型信息类重大科技设施，松山湖实验室瞄准新材料攻

表 3-13　政策对企业创新的帮助情况

	比例
降低税收负担	84.62%
降低用地成本	55.77%
降低社保成本	57.69%
降低用电成本	34.62%
降低物流成本	38.46%
降低融资成本	46.15%
降低制度性交易成本	26.92%
增加技术改造扶持	59.62%
搭建平台	46.15%
引进人才	61.54%
引进核心技术	40.38%
其他	5.77%

坚新型锂电池关键技术。

降成本方面，广东在全国率先修订出台《广东省促进中小企业发展条例》，“实体经济十条（修订版）”“民营经济十条”纷纷落地，“1+21”省市降成本政策体系不断完善。其中，截至2019年底，“实体经济十条”及修订版政策已累计为企业降低成本超过2200亿元。

针对企业关注的降低社保成本政策，2020年以来，广东率先出台相关政策，企业养老保险单位缴费比例为13%—14%，处于全国最低水平。在降低用地成本方面，广东省自然资源厅数据显示，2017年至2020年10月，广东全省共有697宗、3165.5公顷工业用地享受到地价优惠，

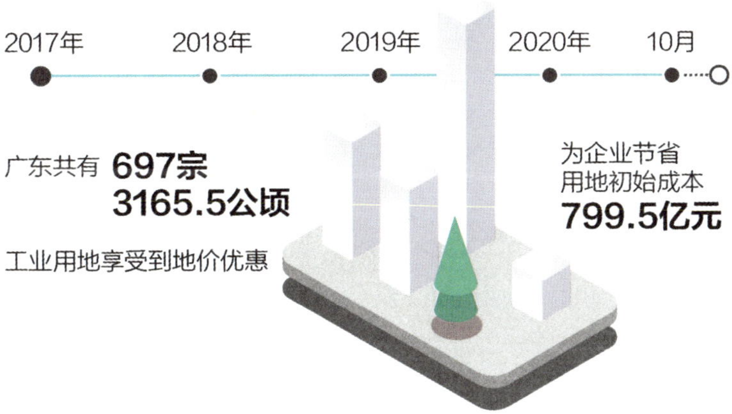

图 3-5　2017 年至 2020 年 10 月，广东全省工业用地享受地价优惠情况

为企业节省用地初始成本799.5亿元。

此外，广东省级层面已制定专项支持民营、中小企业发展的“融资二十二条”“用地十条”“知识产权保护八条”等60多项配套措施，各地市纷纷出台本地区的民营企业支持政策。

（六）基建：软硬对接夯实创新基础

规则“软连接”和基建“硬连接”，一同构成粤港澳大湾区创新的坚实基础。正如国务院发展研究中心副主任隆国强所指出的，通过粤港澳大湾区建设，在加快体制机制上进一步探索，消除一切可能影响创新要素跨境流动的制度性障碍，充分发挥各自创新优势，走出一条通过开放创新不断推进高质量发展的新路。

广东自贸试验区先行先试，粤港澳重点合作平台建设加快，累计形成527项制度创新成果，在广东全省范围复制推广122项改革创新经验，

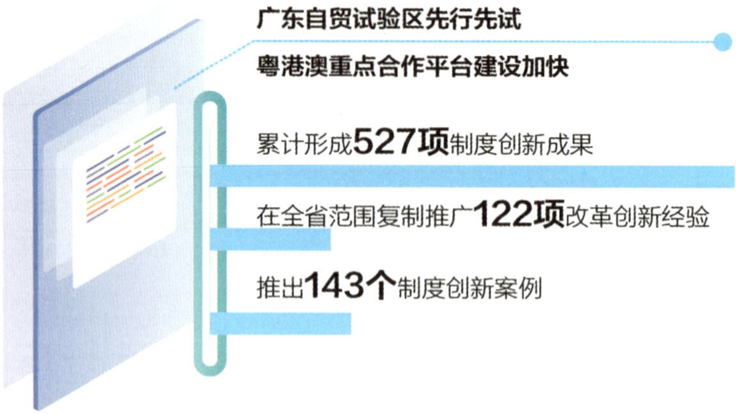

图 3-6　广东自贸试验区先行先试情况

推出143个制度创新案例。广东省内海关简化研发用品跨境使用进出口手续，特殊物品通关审批时限压缩到10个工作日以内，大型科研设备实施24小时预约和“即报即放、到厂检验”。

一方面，粤港澳三地规则相互衔接，要素流动便利水平明显提升。

其中，金融衔接亮点最为突出。中国人民银行等四部门关于金融支持粤港澳大湾区建设的意见落地实施，金融市场互联互通加快推进，上

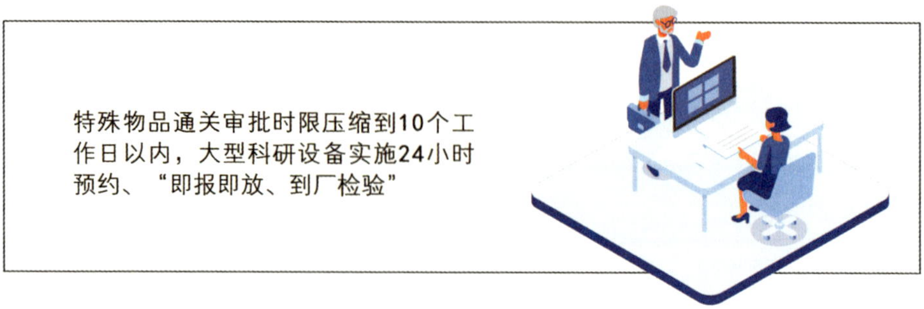

图 3-7　广东省内海关简化研发用品跨境使用进出口手续

■2019年4月2日中午12时许，南沙大桥正式向社会车辆开放通行，通车后，桥面交通井然有序（肖雄、石磊、郑一见摄）

海证券交易所南方中心落户广州，创业板试点注册制改革，粤澳两地保险业在横琴率先试点实现“两地保险，一地购买”，粤澳合作发展基金运作顺利，已投资142亿元支持12个基础设施和民生项目建设。

同时，商事登记制度改革和标准衔接也取得积极成效，企业开办时间压缩到3个工作日以内，港澳企业商事登记实现“一网通办”，广东与国家标准委共建粤港澳大湾区标准化研究中心，打造高水平大湾区标准化合作平台。

吸引高端人才和紧缺人才最受关注。珠三角各地市出台加强港澳青

■26 岁的香港青年、珠海校萌教育科技有限公司联合创始人甄思铭一早就来到了办公室，与同事开会讨论最新一期英国留学申请的线上课程准备工作（仇敏业摄）

年创新创业基地建设的实施方案，将港澳创业者纳入内地补贴扶持，目前广东全省建成近50个港澳青年创新创业平台，港澳青年在广东的创业团队近600个、从业人员超过4000人。

香港青年麦宇瀚在广州创办智鸿新零售科技有限公司，主攻跨境电商业务。他认为，港澳青年进入珠三角创新越来越便利，任何关于创新的问题和困难都可以求助天河区港澳青年之家，这让企业发展之路走得比较顺利。广州我城科技有限公司已成功在上海股权交易中心挂牌，打入资本市场，澳门青年、公司联合创始人黄咏诗认为，通过技术创新对接粤港澳大湾区大市场的规则、制度限制越来越少，很多澳门创新团队计划北上。

截至2019年底，粤港澳大湾区高速公路里程约4776公里，路网密度约8.5公里/百平方公里。铁路通车总里程达2100公里，粤港澳大湾区连通粤东西北的放射型高快速铁路网已基本形成，粤港澳大湾区机场群的旅客吞吐量和货邮吞吐量也位居全球湾区前列。[1]

另一方面，粤港澳大湾区基础设施进一步互联互通，交通基础设施建设进入密集期，一小时生活圈加快形成。

在南沙大桥建成通车后，深中通道海底隧道、黄茅海通道开工建设；广深港高铁、穗莞深城际建成通车，广湛高铁开工建设；深茂铁路深江段、深惠城际开展前期工作。同时，广深港高铁西九龙站实现“一地两检”，港珠澳大桥珠澳口岸实现“合作查验，一次放行”，澳门单牌车进入横琴政策进一步优化，粤港两地牌车辆可免加签通行港珠澳大桥。

在《粤港澳大湾区城际铁路建设规划（2020—2030）》出炉后，将打造“轨道上的大湾区”，各市间城际和地铁正加速打通，如广州18号线将通达中山、珠海；广中珠澳高铁方案正研究之中，届时粤港澳大湾区内将实现高铁全覆盖。

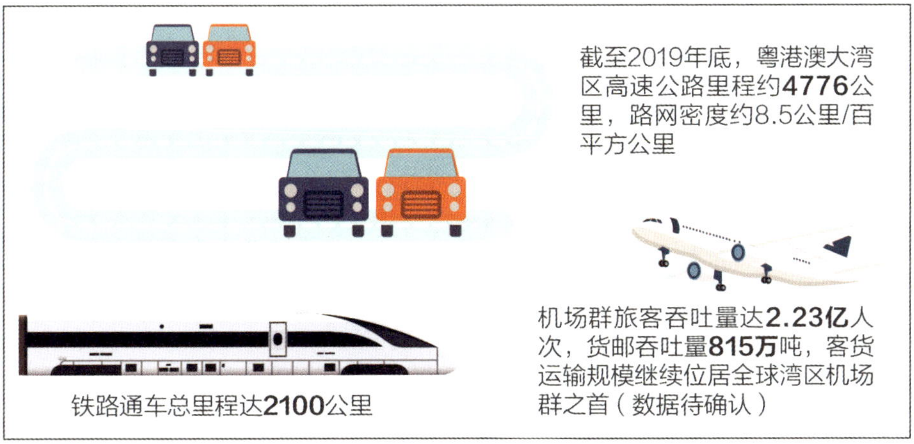

图 3-8　粤港澳大湾区路网密度位居湾区前列

[1]2020 年 11 月发布的《广东省通用机场布局规划 （2020—2035 年）》提出，到 2035 年，全省通用机场体系进一步完善，通用机场布点达到 57 个，机场密度达到每万平方公里 3.2 个。

图 3-9 港澳高校和科研机构可参与广东省财政科技计划、粤港科技创新联合资助计划、粤澳联合创新资助计划

总体来说，在规则“软连接”和基建“硬连接”日益通畅的助力下，粤港澳大湾区创新协同站上了新台阶，国际科技创新中心建设稳步推进。中国散裂中子源正式投入运行，中科院惠州“强流重离子加速器”大科学装置开工建设。广东在新材料、人工智能、生物医药等领域与港澳合作新建数十家研究机构。

【先锋企业创新样本】

云天励飞：年轻科技公司的“突围术”

实时监测，实时分析，亿万人脸，秒级定位……如今，在深圳，很多家长周末带孩子出来，都会习惯让自己的孩子在摄像头下露个脸、走一走，因为他们听说，只要被AI摄像头拍到了，万一以后孩子走丢了，就能很快地找回来。

抓拍孩子们的这些摄像头，就是云天励飞在深圳搭建的全球首套城市级视觉大脑——“深目”。6年里，它协助警方找回了400多名走失儿童和老人，采用区域的路面接触性两抢两盗警情年均下降超过50%。

目前，这套系统已经在大湾区、成都、青岛、上海、北京等国内外100多个城市和地区广泛应用，成立近六年，云天励飞就在高手云集的AI圈实现快速发展，如何冲破重重桎梏，拿下众多订单？

它的“秘诀”是什么？

保持专注，用技术推动变革

“创业的每天都有酸甜苦辣，我时刻都在想怎么才能活到明天。这是条荆棘密布的不归路，最怕不专注、不聚焦。”在一次采访中，云天励飞创始人陈宁这样描述自己的创业感受。

2014年前后，成百上千家AI初创企业陆续带着天赋杀入安防行业，而后又纷纷折戟收场。

当创业者们都在思考到底怎么才能活下去的时候，云天励飞却决然进入。

■云天励飞 AI 疫情态势感知系统展示（朱洪波摄）

选择安防行业，这是所有外人包括同行都不可理解的，人们质疑、不解甚至攻击他们。

然而沉默三年后，云天励飞研发出首套动态人像识别系统云天“深目”，通过“深目”App，有关部门在2秒内就能精准搜索出人像目标及其活动轨迹，真正实现“亿万人脸，秒级定位”，为平安城市建设保驾护航。

目前，这套系统已广泛应用于深圳、北京、上海、青岛、成都、东莞等近百座城市，帮助全国公安系统破案数万起，找回走失儿童和老人400多名。

2019年，耗时5年、斥资逾亿元研发的“云天初芯”面世。该芯片内置了具有自主产权的神经网络处理器，具备高灵活、高能效、低能耗等优势，每秒可跟踪1200张人脸，可广泛应用于智能安防、新商业、智慧交通、智能家居等多个领域。

凭借一系列技术创新，云天励飞在短短6年内就发展成为中国第一家兼具算法、芯片和大数据平台等AI关键技术平台的企业，并斩获了被誉为中国智能科学技术最高奖的吴文俊奖。

看似寻常最奇崛，成如容易却艰辛。在陈宁看来，高手云集的AI圈，云天励飞之所以能够活下来，离不开过去6年来在技术创新上的专注和深度耕耘。

据了解，云天励飞目前已引进30多位海外高层次人才，70%的人员都集中在研发领域，拥有超过1300项自主知识产权，拥有超900件国内及海外专利及专利申请（包括在申请中），发明专利占比超80%。

深挖场景，紧抓前沿科技落地应用

“可以无接触感应，高效率通行，还能实现体温异常智能预警”，几个月前，云天励飞推出的一款兼具人脸识别和红外测温功能的设备，再度成为紧俏的“防疫神器”。

相较于传统红外测温仪的火灾预警和防爆监测功能，这款产品搭载了云天励飞AI芯片，不仅能精准地感应到体温异常，还能迅速将人员找出来。

从“深目”到AI测温仪，近年来云天励飞可谓紧抓前沿科技落地应用。

作为国内领先的拥有AI算法芯片化能力的数字城市整体解决方案提供商，云天励飞目前还承担了工信部、发展改革委、科技部国家三大部委人工智能芯片的重大专项课题，在人工智能芯片领域实现了国家层面项目“大满贯”。

与此同时，云天励飞还积极参与人工智能行业相关标准的制定，也广交“盟友”，共同推动行业进步。目前，云天励飞与深圳市政府办公厅已展开战略合作，共同打造深圳新一代人工智能产业高地；联合海康威视、阿里、京东、优必选、国家超算深圳中心、深圳巴士、TCL等战略合作伙伴共同发布人工智能“星云”生态战略，推动AI向产业加速渗透。

观察眼

科技企业必须“两条腿”走路

从2014年成立至2020年，短短6年的时间里，云天励飞就从一个“不被市场看好”“大半年拿不到融资”的企业，成长为备受瞩目的粤港澳大湾区科技小巨人。2020年在不到半年的时间内，云天励飞就完成了超过20亿元的融资，足以见得市场和资本对它的青睐。

科技企业能够快速发展，必须“两条腿”走路——一条腿是技术创新，另一条腿是落地应用。技术是科技企业安身立命之本，没有核心技术，企业迟早会被淘汰。而落地应用是源头活水，不在实际场景中应用，技术就不能发挥价值，企业也不能更好地优化自己的技术，最终只能落得闭门造车的下场。

云天励飞能够快速发展，正是坚持了“两条腿”走路，既重视核心技术的创新，又重视市场的需求，不断根据市场的需求去打磨技术，形成了良好的发展闭环。

科技是酷炫的，但科研是艰辛的；创业的故事是热血澎湃的，但守业的故事是平凡无奇的。对待科技创新，我们需要充满希望，但却又不能急于求成，只有兼顾创新、应用、规范、可持续，科技产业、科技企业才能得到良性的发展，也唯有如此，粤港澳大湾区才能长出更多的科技小巨人，出现更多的“云天励飞”。

肆 基于粤港澳大湾区科创先锋大赛的创新特征分析

由广东省人民政府和中国建设银行共同推动的粤港澳大湾区科创先锋大赛，是粤港澳大湾区关注度最高的科创大赛。大赛致力于挖掘具有创新力、成长力和成果转化力的科创先锋企业和领军者，通过科技创新提升区域合作水平和整体发展能级，助力抢抓科技创新的制高点，增强经济内生动力，使全面建成小康社会的成色更足、质量更高。经过严格的参评条件审核程序，共有6118家企业入围初评，下面将从地域与行业特征、产品与产业特征、创新投入特征和创新产出特征四个视角对这些参评企业进行分析：

（一）地域与行业特征

从区域分布看，本次大赛的参评企业遍布20个地市，来自珠三角的

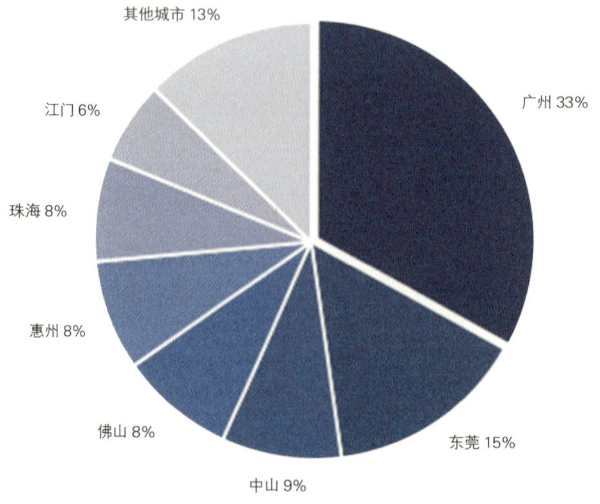

图 4-1　参评企业地域分布

企业占比高达80%以上，广州、东莞、中山、佛山是排名前四的企业来源地区，四地分别占33%、15%、9%、8%，过半的参评企业都来自这些地区（见图4-1：参评企业地域分布）。

在行业分布上，参评企业分属制造业、服务业等30多个子行业，其中制造业占比约70%。在制造业企业中，计算机、通信和其他电子设备制造业的占比最高，为8%。此外，在非制造业行业中，软件和信息技术服务业的占比最高，为10%。科学研究为技术创新提供了智力支持，科技服务业在参评企业中也占据了一定的比例，如研究和试验发展占7%（见图4-2：参评企业行业分布）。

以企业设立研发机构的平均数量为横轴，平均研发费用投入强度为

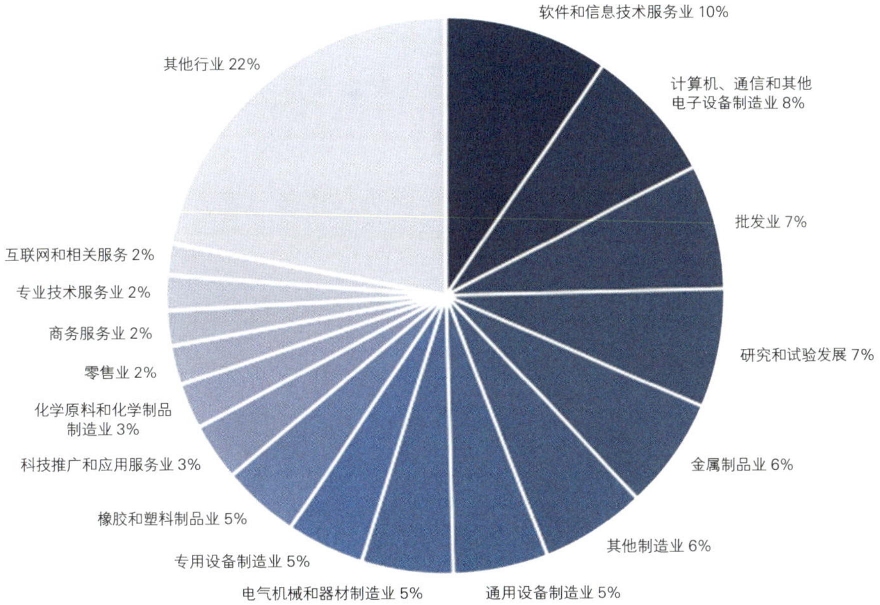

图 4-2　参评企业行业分布

纵轴，构建各区域创新投入矩阵，以此描述各区域的创新投入情况。如图4-3所示，在第一象限内没有任何城市，说明广东省没有城市能同时拥有较多的研发机构和较大的研发投入，还没有一个地区能拥有充足的创新投入。在第二象限的广州、珠海、清远、肇庆等地都有较高的研发投入强度，但仍须继续努力建设更多的研发机构。企业研发机构不仅是一个企业自主创新核心竞争力的源泉，同时也是企业推动行业进步，让整个产业持续发展的重要平台，对协同创新具有“搭台”“外扩”“里应”的作用。在第四象限的潮州已拥有较多的研发机构，今后应加大研发资金的投入。绝大多数企业都处在第三象限，研发强度和研发机构都存有不足。由此得出，广东地区，特别是珠三角地区，应在研发的资金投入和基础设施投入上加大力度，推动区域创新能力走向新台阶。

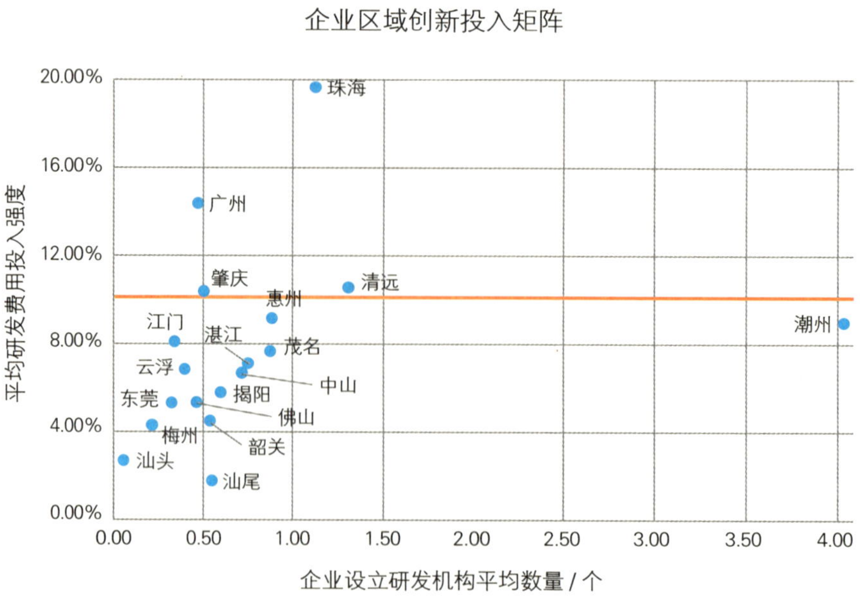

图4-3 参评企业区域创新投入矩阵

（二）产品与产业特征

以国家发展改革委发布的《战略性新兴产业重点产品和服务指导目录（2018年）》为标准，大赛根据参评企业的主营业务、特色产品和服务进行产业划分，在6118家参评企业中，有传统产业1483家，战略性新兴产业4635家，分别占比24.2%和75.8%。如图4-4：参评企业产业分布情况所示。

此外，不同产业的创新投入和创新产出不同。为了更好地分析各产业的创新投入产出情况，我们以该产业平均研发投入强度代表创新投入，以该产业的平均授权发明专利数代表创新产出，以此做出参评企业的产业投入产出矩阵。如图4-5所示，首先，新一代信息技术产业在创新方面表现最好，创新投入和产出都非常高，相似的还有第一象限的相关服务业产业。其次，大多数行业都处于第四象限，创新投入较多，但

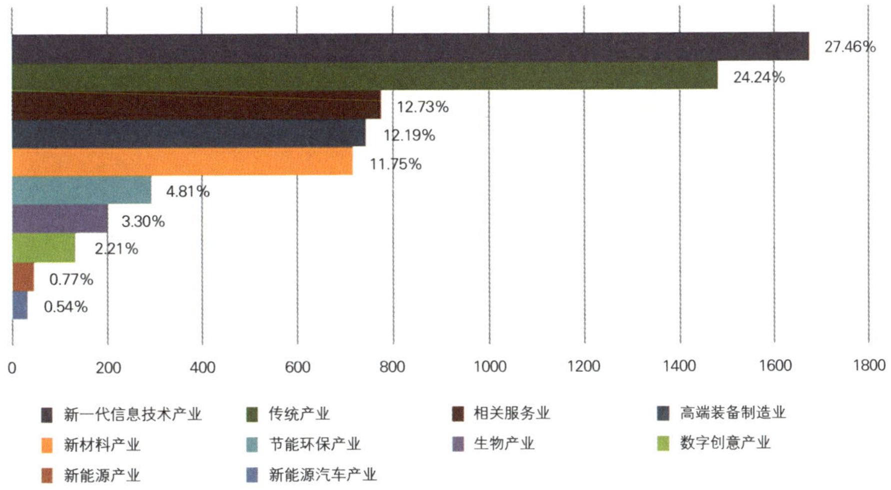

图 4-4 参评企业产业分布情况

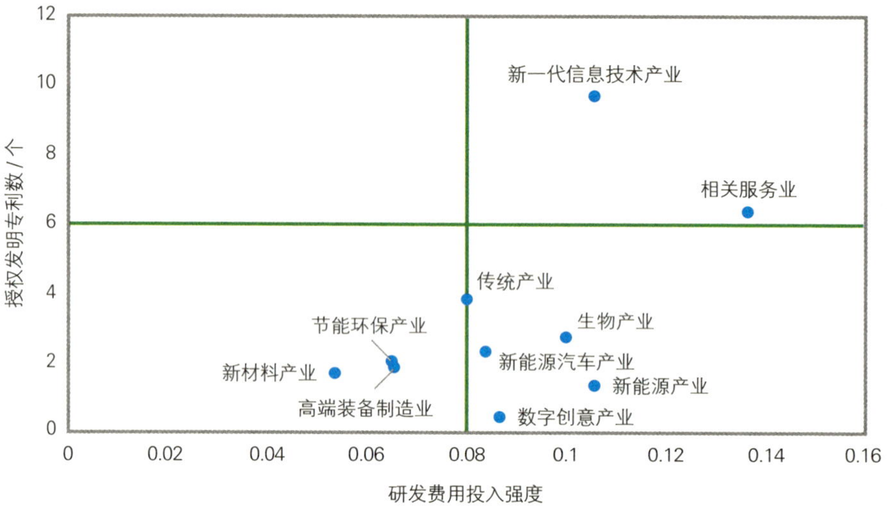

图 4-5 参评企业产业创新投入矩阵

创新的专利产出不足。例如：传统产业、生物产业、新能源产业、新能源汽车产业和数字创意产业等这些企业应该从多角度推动企业创新，而不仅仅停留在资金的投入上。节能环保产业、高端装备制造业和新材料产业处于第三象限，无论是创新投入还是创新产出都处于较低水平，亟待提升整体科技创新实力。

（三）创新投入特征

广东省各战略新兴产业的研发资金投入和人员投入表现出一定的一致性，体现在平均研发费用投入强度和平均研发人员比重两条折线有相似的发展趋势。如图4-6所示，从总体来看，相关服务业的研发人员比重最高，节能环保产业的研发人员投入相对略微不足；相关服务业的研发费用投入强度最高，新材料产业的研发费用投入强度则相对较低。

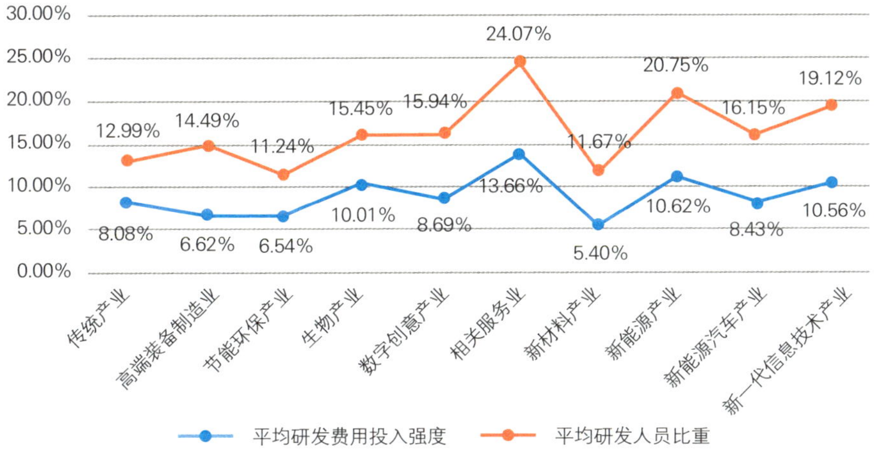

图 4-6　产业创新投入情况

（四）创新产出特征

在战略性新兴产业的创新产出方面，主要关注企业平均授权发明专利数和产业企业平均利润率。如图4-7所示，专利发明方面，表现较好的

图 4-7　产业创新产出情况

是新一代信息技术产业和相关服务业，体现了广东作为国家重要的经济大省，对新一代信息技术及相关服务业的创新极为重视。对比企业平均授权发明专利数和产业平均利润率，可以看出两者之间具有一定的关联，创新的确是推动产业利润率增长的重要手段。相较之下，新能源产业平均利润率为负值，其自主创新能力亟须进一步提高，在新产业形势挑战之下，应调整战略发挥产业更多发展潜力。

【先锋企业创新样本】

南大机器人：小型智能口罩生产设备成“展会明星”

在江门高新区的广东南大机器人有限公司（简称“南大机器人公司”），一台刚下线的口罩生产设备正在测试，而新一批口罩生产线正在加紧生产中。“自今年转产以来，我们的营业收入较去年同期大幅增长，其中口罩生产设备的销售额占公司总销售额的比例达到七成左右。”该公司总经理周志强兴奋地说。

作为一家长期深耕锂电池生产设备、工业机器人及自动化和机器人教育装备等领域的企业，南大机器人公司依托自身在工业机器人自动化控制的技术积累，2020年2月仅用了18天时间就成功研发出新型全自动口罩生产线，成为江门率先成功自主研发出口罩生产设备的企业之一，彰显了“江门创造”的创新实力及社会担当。

助力澳门首家口罩厂投产

2020年8月，第九届江门先进制造业博览会在江门珠西国际会展中心举行。现场，南大机器人公司展出的一台小型全自动口罩生产线成为展会“明星”产品，吸引了众多客商驻足观看。“这是我们公司自主研发的智能口罩生产线，只需一个人即可操作。”南大机器人公司的一名工作人员告诉记者，这台机器价值20多万元，占地不到3平方米。

“我们生产的全自动口罩生产线，每分钟可生产105个口罩。”周志强介绍，疫情发生以来，口罩生产设备一度成为紧缺物资。为此，南大机器人公司紧急组织研发团队进行技术攻关，成为江门率先成功自主研发出口罩生产设备的企业之一。

全自动平面耳带式口罩生产线的研制主要包括自动卷放料、折叠压合裁剪、半成品分离翻转等多个工艺，涉及上万个电气控制及机械自动化零部件，技术人才需求量大、专业化程度高。在周志强看来，公司之所以能够快速研发并量产出全自动口罩生产线，离不开校企合作模式提供的技能人才，更离不开过去几年的技术攻关。

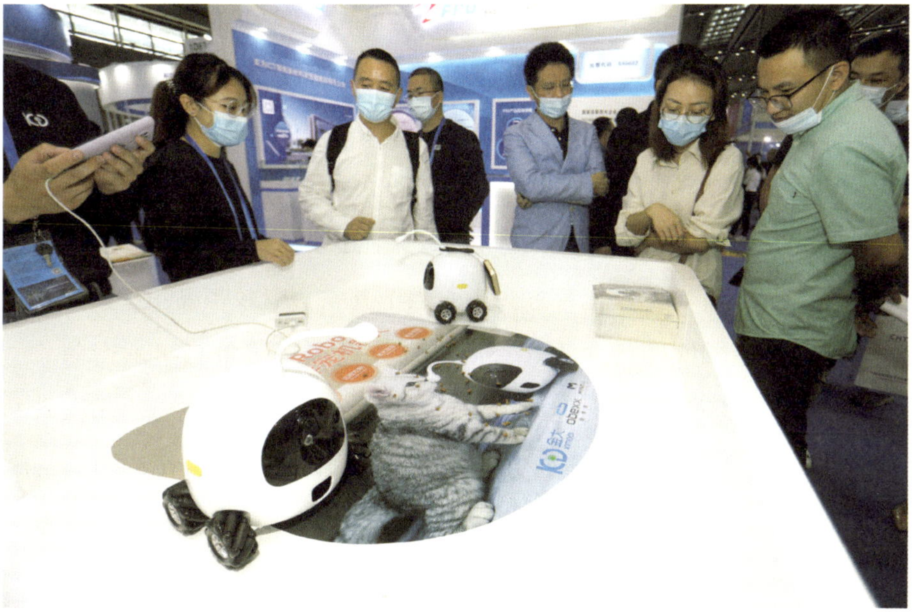

■第 22 届高交会展示的一款伴宠机器人，通过机器人可以用手机实现对家里宠物的实时监控、远程投喂、激光逗宠等功能（朱洪波摄）

“通过自主创新，我们在自动化领域积累了不少核心技术，具备了成熟的柔性生产能力，也搭建了稳固的零部件供应体系。”周志强介绍，该公司的口罩生产设备还可以根据客户的需求进行定制。

例如，澳门东方永富有限公司经向当地政府部门申请，获批生产一次性医用口罩，但该公司并没有相应的口罩生产设备。经多方协调，南大机器人公司紧急向该企业提供了一条成人口罩生产线设备，后者由此成为澳门首家生产医用口罩的工厂。“澳门的厂房寸土寸金，为了满足客户的要求，我们还特别研发了迷你型全自动口罩生产线。”周志强表示。

建立“校中厂”解决行业难题

2020年年初，毕业于华中科技大学电气工程专业的刘昌海博士接到一个特殊的任务：作为江门市科技局选派的“科研小分队”成员之一，他将进驻南大机器人公司生产车间，协助企业完成电机与驱动安装调试等工作，为口罩生产线的研发生产提供帮助。

广泛开展产学研合作、探索灵活的研发模式，是南大机器人自主创新的一大法宝。除了通过政企合作加快研发进度，该公司近年来还不断加大科技投入，积极与各大院校及科研机构建立战略合作关系，先后与五邑大学建立了研究生工作站、与武汉理工大学建立了博士后实践基地，尝到了“产学研”合作的甜头。

其中，该公司与校企深度合作建立“校中厂”的模式，颇具代表意义。作为广东老牌工业城市，江门产业结构相对传统，不少企业都存在技术改造的客观需求，乐于使用工业机器人去降低人力成本、提升工作效率。

“不过，智能机器人这个行业的特殊性就在于，售出高端设备，还需要有相应人才来匹配企业的升级需求。”周志强介绍，为了更好地推动加快机器人产品的研发进程，该公司决定与位于江门的广东南方职业学院进行全方位的合作。

广东南方职业学院负责人介绍，通过上述合作的模式，该校结合南大机器人公司的发展需求，培育了一批具备相关专业理论功底的学生；而该公司则向学校分享相关行业的研发技术成果，为学生提供一个实实在在的实践平台。“这样既可以满足企业的生产需求，又可以满足学校的教学培训需求，也为学生拓宽了就业渠道。”该负责人表示。

通过产学研合作，南大机器人公司快速攻克了一批技术难题。“如今，我们的机器人产品已涵盖平面、关节、视觉等细分领域，广泛应用到江门及周边城市的企业车间，可有效完成高精度组装、上下料、焊接等工序。”周志强不无骄傲地说。

观察眼

政府应加大创新要素供给力度

在江门，科技型小微企业是全市3万多家小微企业里最具活力以及最有发展潜力的企业。但在笔者看来，这类企业一直饱受资金短缺、人才缺乏等问题的困扰，这也成为制约它们发展壮大的重要原因。正因为如此，像南大机器人公司这样的初创企业显然具备一定的样本意义，可为其他科技型小微企业提供更多创新发展的信心。

实际上，目前江门全市拥有自主知识产权、掌握核心技术、具备国际竞争力的中小微企业仍然偏少，研发投入相对薄弱。江门市相关部门进行的一份调查问卷显示，江门目前绝大部分的中小微企业没有专门的科技开发部门，60%的中小微企业没有科研资金投入，这直接降低了中小微企业的创新能力。

如何鼓励更多中小微企业加大研发投入？笔者认为，政府和社会都应该为它们营造一个良好的创新环境。特别是从政府的角度看，面对千家万户的市场主体，面对千变万化的市场，政府的职责在于更多地丰富供给端，为小微企业提供各类公共服务平台，丰富创新要素市场，降低创新成本，让更多的创业者放下包袱、勇于创新，最终成长为创新驱动型企业。

伍 粤港澳大湾区的创新机遇

危中寻机的粤港澳大湾区企业通过加强自主创新拓展产业发展空间，通过产学研合作、吸纳创新要素集聚等实现创新实力的不断提升。与此同时，随着产业升级发展、科研平台的不断集聚、创新实力的不断增强，粤港澳大湾区的企业也正迎来政策、要素、产业、机制等多方面的创新机遇，乘势而上、自主创新成为越来越多企业的共同选择。

（一）创新要素高度集聚提升创新质量

从美国硅谷到北京中关村，全球创新高地的成功经验表明，人才、

■位于广州国际创新城的广州大学城全貌（肖雄摄）

技术、设备、研发机构等创新要素的高度集聚是创新成果不断涌现、创新质量持续提升的关键动力和必要前提。

《两次全球大危机的比较研究》一书提出，我国要发挥在新技术领域差距相对较小、资金丰厚、产业配套能力强的优势，整合全球人才、技术、资源，切实推进产业转型升级，才能在新一轮技术长周期竞赛中做领跑者。[1]

在全国创新发展布局的层面看，多个重要国家政策的接连出台让粤港澳大湾区迎来新一轮创新要素加速集聚的巨大机遇：

《粤港澳大湾区发展规划纲要》提出，集聚国际创新资源，优化创新制度和政策环境，着力提升科技成果转化能力，建设全球科技创新高地和新兴产业重要策源地；《深圳建设中国特色社会主义先行示范区综合改革试点实施方案（2020—2025）》提出，优化创新资源配置方式和管理机制，建立具有国际竞争力的引才用才制度；深圳综合改革试点首批40条授权事项中，关于金融、海外人才等方面的科技创新体制事项就有6条；《中新广州知识城总体发展规划（2020—2035年）》提出，建设成为具有全球影响力的国家知识中心……

2019年以来，即使受到新冠肺炎疫情和世界政治经济波动冲击，粤港澳大湾区在集聚创新要素方面势头不减。

据初步统计，近3年来，广东是全国“双一流”高校本科毕业生和研究生毕业生最大流入地之一，其中，华为是这些高校毕业生去向人数最多的单位，腾讯等珠三角的互联网科技公司也十分受毕业生的青睐。

人才集聚为创新型企业的发展提供强大支撑。截至2020年8月底，广东全省共有高技术企业数量超过5万家，科技型中小企业2.8万家，其

[1] 刘鹤．两次全球大危机比较研究．北京：中国经济出版社，2013：39.

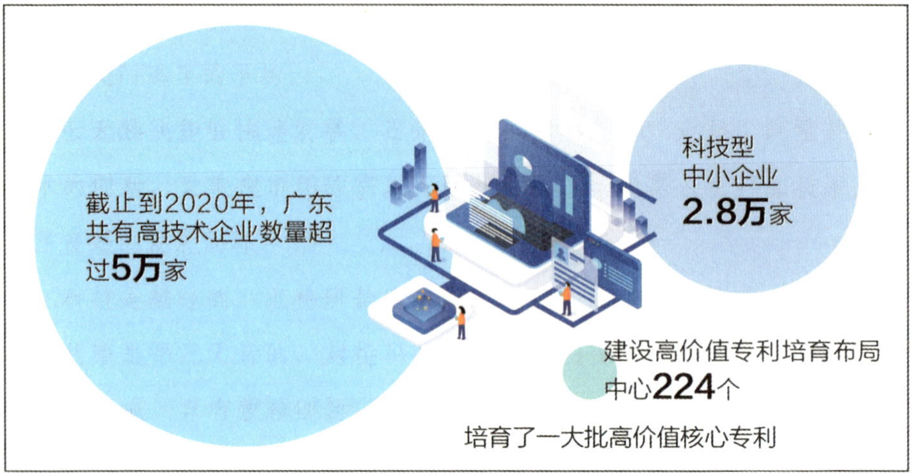

图5-1　广东省高技术企业数量情况

中绝大多数集中在珠三角，特别是广州和深圳两座中心城市。

近年来，广东发明专利授权量、有效发明专利拥有量、PCT国际专利申请量、有效商标注册量等指标均稳居全国首位。广东的创新不仅在数量上领跑全国，创新质量也不断提升。近年来，建设高价值专利培育布局中心224个，培育了一大批高价值核心专利。

在第二十一届中国专利奖的239个广东获奖项目中，发明专利210项，占比达87.9%，在这其中，大部分来自广州、深圳、珠海、佛山、惠州、东莞、中山、肇庆等珠三角城市。专利项目经济效益好，彰显助推经济发展作用。截至2020年6月底，广东省22项金、银奖项目累计产生销售额5205.84亿元、出口额1740.78亿元、利润598.61亿元。22项金、银奖专利项目全部属于战略性产业集群，其中18项属于战略性支柱产业技术、4项属于战略性新兴产业技术。

特别值得注意的是，在广东获奖项目中，获奖企业数量多，彰显创

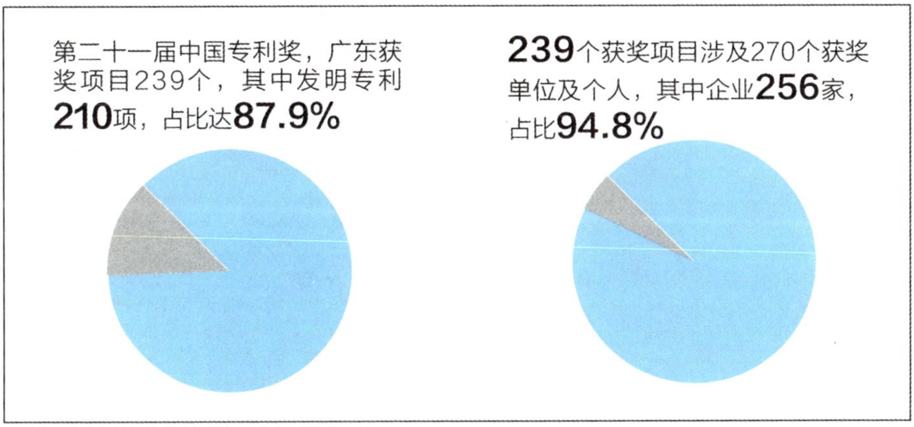

图 5-2　广东获奖企业数量多，彰显创新主体地位

新主体地位。239个获奖项目涉及270个获奖单位及个人，其中企业256家，占比94.8%。

根据中国科技发展战略研究小组、中国科学院大学中国创新创业管理研究中心联合发布的《中国区域创新能力评价报告2019》，广东区域创新能力排名全国第一，并创下“三连冠”纪录，“企业创新”评价得分也是连续3年居首。

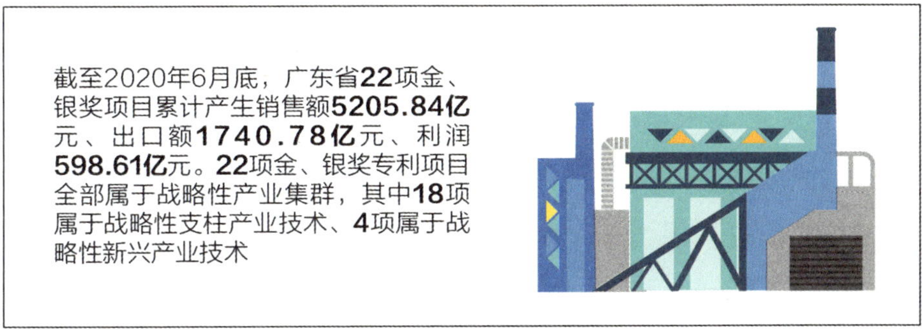

图 5-3　广东省专利项目情况

■在奥比中光最新 AI 3D 视觉产品展示区，有各种浸入式的体验场景，其产品已深入落地于衣食住行等日常多个领域（鲁力摄）

创新质量的提升还体现在，依托雄厚的产业基础和集聚的创新要素，广东在部分产业和科技领域正逐渐从跟跑到并跑，乃至少数领域的领跑。更多企业正在抢抓创新要素集聚的机遇，实现技术突破和前沿创新。

例如，光韵达公司攻克了均光光源、成像等关键技术，实现了高分辨率紫外曝光机整机的装调，可以实现405nm微小结构的面曝光；比亚迪汽车公司完成混合动力汽车新一代动力总成系统设计定型，发动机热效率达到41.67%，超过国内外同类产品，实现国际领先；奥比中光掌握了3D感知全领域自主知识产权核心技术，已申请3D感知专利570件，专利申请数位居世界前三，其中3D结构光专利申请数量全球第一……

事实上，创新质量的提升，提高了成果转化的成功率和回报率，又反过来对教育和创新要素的集聚产生推动作用，从而形成不断向上的创新发展循环。罗伯特·戈登在《美国增长的起落》中回顾1870年到1940年美国经济和生活水平划时代提高的历史时，就这样总结：“技术变革直接提高产出，并诱导资本积累，以生产新发明应用所需的机器设备和建筑物。技术变革使教育和资源再配置成为创新以外的其他增长来源。然而，这两者也依赖于创新提供的必要回报。”[1]

（二）国内国际双循环打开创新大空间

广东是改革开放的排头兵、先行地、实验区，也是全国率先对外开放、深度融入全球供应链、产业链、创新链和价值链的省份之一。

■深圳腾讯滨海大厦（鲁力摄）

[1] 罗伯特·戈登．美国增长的起落．张林山，刘现伟，孙凤仪，译．北京：中信出版集团，2018：545.

在推动形成以国内大循环为主体、国内国际双循环相互促进的新发展格局中，珠三角企业创新呈现三个新趋势：

其一，通过进一步开放政策、优化环境吸引海外人才为创新发展带来新的契机。

2020年10月发布的《深圳建设中国特色社会主义先行示范区综合改革试点实施方案（2020—2025年）》提出，建立具有国际竞争力的引才用才制度。按程序赋予深圳外国高端人才确认函权限，探索优化外国人来华工作许可和工作类居留许可审批流程。支持探索制定外籍“高精尖缺”人才认定标准，支持探索建立高度便利化的境外专业人才执业制度。

《深圳建设中国特色社会主义先行示范区综合改革试点首批授权事项清单》进一步提出，推进外籍人才签证便利化，探索完善外籍高层次人才居留便利和紧缺人才职业清单制度等。

在吸引外资方面，根据2018火炬统计数据，广东省纳入统计的4.47万家高新技术企业中，外商投资企业数量为1192家，占高新技术企业数量的2.7%，营业收入0.78万亿元，占比高新技术企业营收的10.5%；港澳台企业2267家，占比高新技术企业数量的5.1%，营收1.06万亿元，占

2020年前三季度，珠海新设立外商投资企业**1960**家，同比增长**129.2%**

其中横琴新区设立**1641**家，同比增长**271.3%**，大部分投资都集中于高新技术产业和金融业等领域。

图 5-4　粤港澳大湾区依旧对外资具有很强吸引力

比高新技术企业营收的14.3%。

在疫情下，粤港澳大湾区依旧对外资具有很强吸引力。2020年前三季度，珠海新设立外商投资企业1960家，同比增长129.2%，其中横琴新区设立1641家，同比增长271.3%，大部分投资都集中于高新技术产业和金融业等领域。

其二，依托国内市场和创新要素推动创新，成为广东企业的普遍选择。

依托国内市场，为粤港澳大湾区的企业创新发展提供巨大空间和机遇。

从2019年9月20日到2020年10月，位于广州的粤芯半导体一直处于量产爬坡的阶段。面对疫情冲击，现场人员减少21%，但第一季度的产量比预期还要提高25%。在这背后，是巨大的芯片需求，中国芯片使用量占全球六成，其中粤港澳大湾区又占有六成。从消费型电子产品到工业控制、家电和装备制造，加上汽车电子，粤港澳大湾区已经形成了非常全面性的芯片需求市场。

粤芯副总裁李海明对调研团队表示，要把市场的优势发挥出来，就要将制造与应用紧密地“锁”在一起。短期内技术相对落后，但我们最贴近市场，能在最短时间匹配市场新需求，这是巨大的优势。

无论是格力、比亚迪、腾讯这样的企业巨头，还是极飞科技、小鹏汽车等新兴企业，无不是依托巨大的国内市场和资源，特别是粤港澳大湾区的市场和创新资源，在激烈的企业竞争中站稳位置，并不断实现创新突破。

企业调查问卷结果显示，在受调查的珠三角企业中，46.15%的企业将在国内组建研发或设计团队，超过一半企业的新产品研发有境内高校参与。

2020世界5G大会上，中兴通讯展出机器狗（石磊摄）

其三，更多珠三角企业走出去，拓展海外市场，布局海外研发机构，成为全球企业创新的重要力量。

格兰仕的开源芯片“NB–狮山”正在美国、欧洲和中国的顺德、深圳等地加快推进开发，格力电器向丹麦企业格兰富控股联合股份公司授权了其自主研发的新型无稀土磁阻电机领域内的3项专利技术，华为与瑞士大型通信商Sunrise在瑞士最大城市苏黎世设立了5G研发中心，推动使用5G技术研究制造业和农业的高效化，以欧洲为中心向各国提供解决方案。

保罗·克鲁格曼在《规模经济、产品差异及贸易模式》中的研究表明，在一个既有收益递增又有运输成本的世界中，由于产品集中一处生产可以实现规模经济，厂商有动力到最大的市场附近去生产产品。这往往造成一个看似有些不易理解的后果：“如果产品在某个国家有相对较大需求，那么该国会成为这些行业产品的净出口国。”[1]

在双循环新发展格局下，更多企业将营销模式的创新拓展到全球市场。普华永道研究报告表明，深圳的LEMFO就是其中一个例证。

消费电子品牌LEMFO发源于深圳，主要销售可穿戴电子设备。在速卖通跨境电商的成长中，LEMFO已受到西班牙、俄罗斯、巴西等国家消费者的青睐。LEMFO以“全球试用”圈粉，建立会员等级分层，引导买家报名“全球试用”，以符合买家期望的最新产品或高性价比产品为主，让买家主动分享和背书传播。同时，LEMFO店铺通过官方社交账号，每月定期安排抽奖及会员日活动，建立并维护粉丝群。除了自有社交账号，LEMFO还培育并合作了科技论坛网红，以语言区分站点。目前LEMFO已积累了超过10万粉丝，50余名网红，覆盖500万人群，2018年店铺业绩增长了60%。

（三）龙头企业引领进入创新“无人区”

近年来，粤港澳大湾区大力推进技术创新与产业升级，依托优厚的制造业基础和发达的制造能力，形成了世界首屈一指的高水平产业化能力和完整的产业链，互联网、高技术制造领域的国际竞争优势正逐步显现，5G、AI等领域占据前沿地位。

根据财富中文网发布的《财富》世界500强榜单，2011年至2020年，粤港澳大湾区上榜企业数量从7家增加到了21家，实现了数量和质量的双双跃升。华为、腾讯、大疆、华大基因……一大批龙头企业通过自主科技创新挺入“无人区”，成为湾区融入世界产业链最亮眼的明珠。

[1] 美国经济学会．美国经济评论百年经典论文．杨春学，于飞，译．北京：社会科学文献出版社，2018：307.

■无论是国内外抗疫一线，还是复工复产加速，都有大疆无人机的身影（朱洪波摄）

中国人民大学经济学教授刘守英、国务院发展研究中心研究员肖庆文等专家认为，广东的产业升级战略选择举足轻重，一方面要利用世界制造工厂阶段形成的政策环境、企业家和产业工人队伍以及产品优势，提高技术能力，形成珠三角全球先进制造基地，另一方面，要利用深圳的优势提高创新的比重，形成若干世界级的创新性企业，提高全球竞争力。[1]

创新是企业的核心竞争力。作为全球专利数量最多的企业之一，截至2019年底，华为在全球共持有有效授权专利85000多件，其中90%以上是发明专利。在5G技术领域，华为拥有全球最多的标准必要专利。华为旗下业务涉及通信产业各个方面，通信服务覆盖全球170多个国家和

[1] 林毅夫，张军，王勇，寇宗来．产业政策总结、反思与展望．北京：北京大学出版社，2018：237—238.

■牧民围坐在无人机旁拉家常（石磊摄）

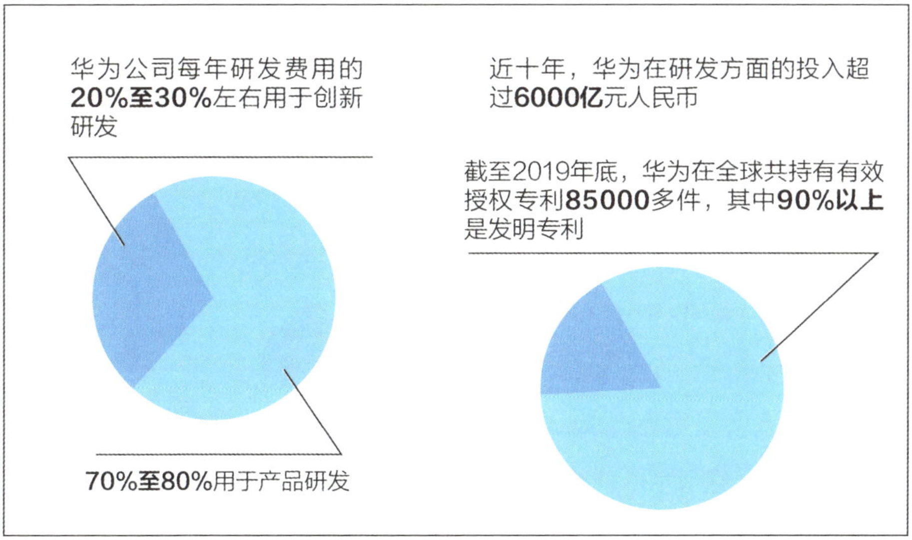

图 5-5　华为研发费用占比（数据来源：2019 年华为财报）

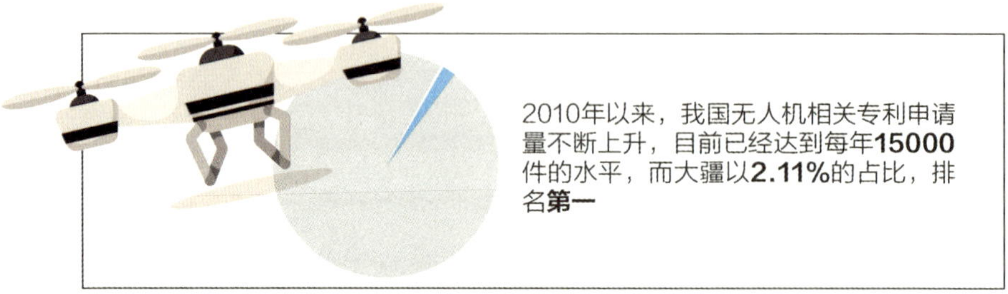

图 5-6 大疆专利申请量占比

地区。要保持领先的地位，离不开技术创新。据华为创始人任正非介绍，华为公司每年研发费用的20%至30%左右用于创新研发，70%至80%用于产品研发。近十年，华为在研发方面的投入超过6000亿元人民币。

在无人机领域，同样注重研发的大疆也凭借着技术创新领飞全球。近年来，全球无人机产业高速发展，不仅越来越多地被用于航拍、摄影等领域，在农业、测绘、警用等方面也有着广阔的发挥空间。目前，大疆已成长为无人机行业巨头，产品占据了全球超80%的市场份额，国内超70%，在全球民用无人机企业中排名第一。大疆在无人机领域迅速崛起最重要的原因之一，就是独立研发和坚持创新。大疆实现了真正的产业垄断，也是唯一垄断全球市场的中国科技企业。

从追赶、跟随到创新、引领，在粤港澳大湾区这片创新创业的沃土上，越来越多的龙头企业引领行业进入创新“无人区”，为经济高质量发展提供有力支撑。

（四）重大科研平台孕育创新创业土壤

对创新扩散的研究表明，可观察性是影响创新成果能否充分、快速

[1] 罗杰斯．创新的扩散：第 5 版．唐兴通，郑常青，张延臣，译．北京：电子工业出版社，2016：272，413.

扩散的重要因素，通过采纳创新获得成功的案例越多，就会更加促进创新技术的普及。[1]也就是说，更多创新平台的集聚，可以让更多的前沿科技研发变得可见、可闻、可用，推动创新成果转化。

当前，广东正携手港澳，加快建设以广深港澳科技创新走廊为主轴的大湾区发展创新极，一大批“国家大科学装置＋广东省实验室”的组合在珠三角加速布局、落地，进一步推动企业原始创新及核心技术的提升。东莞的“中国散裂中子源＋松山湖材料实验室”，惠州的“强流重离子加速器＋先进能源科技广东省实验室”……“国之重器”与省级实验室的协同集聚效应初显，正扬大湾区成果转化之长，补大湾区科技研发之短，有力助推大湾区战略性新兴产业的崛起。

在广州人工智能与数字经济试验区，粤港澳大湾区数字经济发展的热能扑面而来。站在试验区琶洲片区位于45楼的展厅远眺，唯品会、阿里巴巴、小米、TCL等项目正如火如荼地建设。2020年2月，广东省推

■如火如荼建设的广州人工智能与数字经济试验区（肖雄摄）

■中国散裂中子源设备直线加速器（孙俊杰摄）

进粤港澳大湾区建设领导小组印发《广州人工智能与数字经济试验区建设总体方案》，3月启动总投资超5800亿元的项目建设。抗击新冠肺炎疫情期间，试验区内多家入驻企业迅速拿出科研成果，投入到疫情防控之中。以科大讯飞为例，一款可翻译58种语言的翻译机应用于广州白云

广东已在新材料、人工智能、生物医药等领域与港澳合作新建 **10** 家联合实验室；同时，完成了 **3** 批共 **10** 家省实验室布局，吸引了 **8** 家香港科研机构、**41** 位港澳科学家前来合作

图 5-7　广东联合实验室情况

■2019年3月29日，深圳鹏城实验室（深圳网络空间科学与技术广东省实验室）宣布与国家超级计算深圳中心开展合作，已经初步建成“云脑”“靶场”“云网”“生态”四大科学装置（鲁力摄）

机场的疫情防控点，协助工作人员完成对入境外籍人士的询问沟通。此外，科大讯飞还研发出新冠肺炎影像辅诊平台，3秒内即可完成1例CT新冠肺炎识别，极大提高了医生的阅片效率。

广州人工智能与数字经济试验区的蓬勃发展，背后是粤港澳三地落实《粤港澳大湾区发展规划纲要》有关要求、加快协同创新的不懈努力。

坐落于东莞的松山湖实验室，是广东省首批启动建设的四家省级实验室之一，布局四大核心板块，包括公共技术平台和大科学装置、前沿科学研究、创新样板工厂、粤港澳交叉科学中心。人才队伍建设方面，截至2019年底，实验室全职及双聘人员共409人，其中全职全时人员230人，双聘179人；两院院士10人，海外高层次人才5人。科学研究及成果转化方面，实验室现已顺利引进了两批共18个创新样板工厂科研团队，

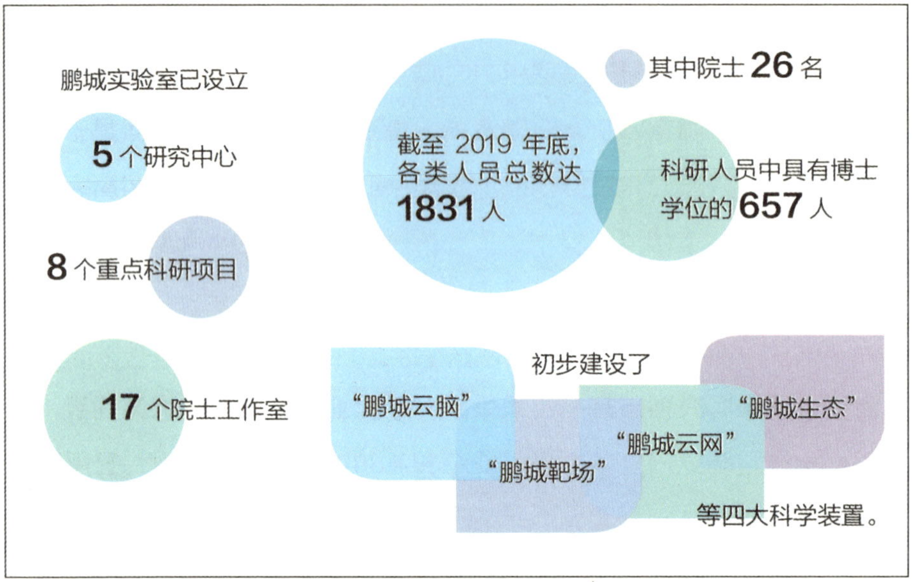

图 5-8　鹏城实验室人才队伍情况

■在南海科技软件园内新建的华南师范大学南海校区，方便了学生的学习与科研（何洪伟摄）

注册成立了8个产业化公司。明确了包括金属材料、生物医学材料、中子科学材料等16个前沿材料科学领域研究方向。承担国家、广东省科技计划项目多项，经费过亿。在*Nature*等国际一流期刊上发表论文150篇以上，申请专利超过50件，召开了22次高端国际学术会议。

在深圳，经过两年的快速发展，鹏城实验室已设立网络通信、人工智能、网络空间安全、机器人、量子计算等5个研究中心，8个重点科研项目，并已取得系列阶段标志性成果。目前，鹏城实验室已引进设立17个院士工作室。通过坚持引进和培养并重的原则，人才队伍建设不断发展壮大。

（五）学科交叉融合催生新技术新业态

在国家重大战略需求的驱动下，在粤港澳大湾区，多学科交叉汇聚

与多技术跨界融合将成为常态，并不断催生新学科前沿、新科技领域和新创新形态。

2020年7月29日，全国研究生教育会议决定，新增交叉学科作为新的学科门类，成为我国第14个学科门类。有教育界专家认为，加快培养交叉学科高层次人才，有利于应对当前国家治理、国际复杂形势需要，推动研究生教育深层次改革发展。

广东的电子信息产业、智能家电产业、汽车产业、现代纺织产业等在全国乃至全球占据重要位置，同时拥有香港大学、香港科技大学、香港中文大学以及中山大学、华南理工大学等一流高校，这为学科交叉融合发展提供重要的产业和科研基础，学科交叉的要素不断积聚，平台不断增加，力量不断壮大。

截至2020年6月30日，教育部官网公布《学位授予单位（不含军队单位）自主设置二级学科和交叉学科名单》显示，全国共有160所高校的549个学科完成交叉学科备案，广东共有7所学校的27学科完成备案。其中，中山大学有9个学科入选，数量位列全国并列第1名，暨南大学、南方医科大学和华南理工大学紧随其后。

梳理发现，广东每个学校备案的交叉学科都是极具特色的优势学

全国共有 **160** 所高校的 **549** 个学科完成交叉学科备案，广东共有 **7** 所学校的 **27** 学科完成备案。其中，中山大学有 **9** 个学科入选，数量位列全国并列第 **1** 名

图 5-9　高校交叉学科备案情况

■国家超级计算广州中心“天河二号”系统（肖雄摄）

科，符合新时期经济社会发展的主要趋势。如中山大学的超级计算机与高性能计算、华南理工大学的软物质科学与工程、暨南大学的药事管理学、南方医科大学的传染病预防控制等。

在佛山，广东省教育厅、佛山市人民政府、南海区人民政府与华南师范大学签署四方共建协议，华南师范大学南海校区在现有办学基础上，重点发展服务佛山市、南海区产业发展需求的新工科和交叉学科专业，先期高起点新建设软件工程、电子信息工程、信息与计算科学等信息技术类专业，金融工程、信息管理与信息系统、电子商务、网络与新媒体等交叉学科专业，法语等外语类专业，开展人工智能、大数据专业（方向）硕士研究生培养。同步打造重点实验室与科研平台，重点建设国际联合学院。

在东莞，由中国科学院物理研究所牵头、多家机构共建的粤港澳交叉科学中心正在规划建成具有国际影响力的学术交流与合作研究平台。该中心依托此前成立的松山湖材料实验室，主要进行材料研究，同时涉及物理、生物、能源、信息等多个学科，共建单位包括北京大学、清华大学、香港大学、香港科技大学、澳门大学等机构。

中科院院士、松山湖材料实验室理事长王恩哥表示，该中心通过创新体制机制，聚焦重大科研方向，组织不同学科和专业背景的科研人员开展协同合作研究，有望成为一个世界级的学术交流中心。中科院物理所所长方忠介绍，该中心践行粤港澳大湾区国际科技创新中心的建设方略，将成为一个人才引力中心，也将为学科交叉融合提供创新思想和成果源泉。

依托粤港澳大湾区的高等院校和科研机构，更多的学科交叉融合，正在为广东的企业车间催生更多的新技术、新业态。

在各种学科交叉中，一个重要趋势是，人工智能等数字科技与经济社会发展的各种需求紧密结合，从而产生一系列重大影响。从国家急迫需要和长远需求出发，粤港澳大湾区的企业加紧布局多学科交叉汇聚的战略方向，既是应对变局、开拓新局的需要，也是面向未来、决胜未来的需要。

在日常生活中，汽车是单价最高的个人消费品，也是未来的超级智能终端。广汽集团在推动新能源、新材料、人工智能等方面不断取得突破。

2020年5月13日，广汽新能源发布消息，石墨烯技术正在走出实验室，将会率先搭载量产测试。这是2019年发布自主研发的基于三维结构石墨烯（3DG）材料的“超级快充电池”消息之后，广汽新能源在电池领域取得的最新技术进展。

在自动驾驶方面，广汽新能源旗下埃安V与埃安LX，已经实现L3自动驾驶，在全球首个可交付应用中国高精地图技术支持下，在法规允许

广汽新能源研发的超级快充电池仅需**8**分钟就可以将电池充电至**85%**，充电时间与传统燃油车的加油时间相当

图 5-10　广汽新能源在电池领域取得的最新技术进展

的情况下，在国内所有高速路、快速路支持驾驶员长时间脱手（路段使用权有待逐步开放），真正解放双手。广汽新能源成功打造了全球首创智能健康座舱。其中，埃安V搭载行业领先融合海量道路数据的AR实景导航，让AR增强现实技术融合地图数据、摄像头传感数据和定位算法，所见即所得。

21世纪曾被很多人认为将是生物科技大放异彩的世纪，生物医药产业也是粤港澳大湾区重点发展的产业方向之一。越来越多的企业将大数据、云计算等数字技术用于这一产业。

迈瑞医疗研发的ZST+域智能超声系统，基于ZST+域光平台的图像合成，通过大数据库与专家智慧库的深度学习，开发出一系列智能应用。它大大提升了扫描速度和成像质量，有效缩短了影像医生的专业学习曲线，有效提高了医生的诊疗质量和效率。

迈瑞医疗董事长李西延表示，医疗器械产业需要在智能化、数字化、提升仪器的先进性能和使用效率等技术创新方面多动脑筋。“因为在人类和病毒的战斗中，只有让数据更快更精准，专家才能制定更快更好的决策。”

实际上，在2020年的疫情冲击下，位于广州和深圳的两个国家超算中心，都承担了以大数据技术从数量庞大的药方、药材、药剂中梳理出有希望助力治疗新冠肺炎的药物的任务，并取得一系列重要成果，筛选后的药物被纳入国家卫健委发布的相关诊疗指南手册。

数字经济还进一步向传统产业拓展，给传统产业带来新的活力和市场机遇。

极飞科技的极飞智能播撒无人机可以利用AI处方图实现精准变量播撒作业。无人机可以根据这个处方图进行全自主、精准补播。2019年，极飞科技将最新的智能播撒无人机带到若尔盖草原，教当地牧民操作及维修培训，牧区产品的市场竞争力得到提升的同时，企业自身也获得更好的发展前景。

（六）成果转化机制改革激发创新活力

科技成果转化是实现创新驱动发展的根本路径，是推进科技与经济

■第二届科交会上，高校工作人员向企业介绍项目（王昌辉摄）

■珠海横琴新区建设热火朝天，与对岸澳门相互辉映（张由琼摄）

深度融合的关键环节。党的十九届四中全会提出，“支持大中小企业和各类主体融通创新，创新促进科技成果转化机制，积极发展新动能。”近年来，随着粤港澳大湾区打造国际科创中心的不断推进，各种创新要素在“9+2”城市群内有序流动与融合共享，科技成果转化机制取得突破与完善，为经济高质量发展注入不竭的科创驱动力。

实际上，在现代经济发展中，科技成果转化可谓是一个世界性难题，美国在2013年发布的*National Network for Manufacturing Innovation: A Preliminary Design*（《美国国家制造业创新网络建设及管理模式》）中同样认为，美国制造业出现问题的主要原因是，未能有效地将基础研究领域的投资转化为经济和商业价值。[1]

纵观三大世界级湾区的创新发展历程，世界级高校均发挥了知识创新

[1] 中国电子信息产业发展研究院．美国制造创新研究院解读．北京：电子工业出版社，2018：5.

的“源泉”作用。在粤港澳大湾区，丰富的高校资源为产学研合作和科技成果转化奠定了良好基础。大湾区内高等院校数量超过180所，且部分高校排名前列。据《粤港澳大湾区创新生态白皮书》中的数据：在2019年QS亚洲大学排行榜中，前10名中大湾区有3所，前100名中有8所。

为打通高校科技成果转化“最后一公里”，2019年初，广东省政府以1号文的形式出台了《关于进一步促进科技创新若干政策措施》，从提升高校院所科技成果转化积极性、支持专业化技术转移服务机构建设等方面提出相关举措。例如，高校独资设立的资产管理公司可将高校委托或划拨的科技成果自主作价投资，对科技人员实施股权激励，所持企业国有股份收益分配及退出由高校自主审批，收益可部分留归公司使用。对利用财政资金形成的新增职务科技成果，按照有利于提高成果转化效率的原则，高校、科研机构可与科技人员共同申请知识产权，赋予科技人员成果所有权。

平台建设方面，2019年8月，由华南技术转移中心开发的华转网，对于创新券涵盖的服务项目，在国内率先以科技服务电商模式，实现了企业在线购买科技服务功能，打造了科技服务“商城”。目前，华转网已快速发展成为国内具有影响力的科技服务网上商城，汇聚科技创新资

图 5-11　2019 年广东全省技术合同情况

源3万余项。

同时，支持广州、横琴、中国（南方）3个国家级运营交易平台加强与香港知识产权交易中心、估值及创投机构的交流合作，创新交易产品和模式，扩大服务范围。认真评估广州开发区“粤港澳大湾区知识产权互认互通十条”的成效，总结提炼推广经验，探索建立更利于香港知识产权服务机构落户粤港澳大湾区内地城市的机制。借鉴香港科学、客观的评估方法和标准，探索建立反映知识产权客观市场价值的平台和体系。

为了加强粤港澳三地之间的科创要素流通，推动国内外优势科技资源向广东集聚，2019年8月，广东省科技厅对实施了三年多的创新券进行重大改革，在国内率先在科技计划项目中打破了只资助本地机构的惯例，鼓励省内机构与省外、港澳大院大所开展合作，助力广东创新。2020年的创新券工作以“全国使用、广东兑付”为主线，鼓励港澳、京津冀、长三角等地区优质服务机构成为我省创新券服务提供机构，可与省内服务机构享受同等待遇，接受广东企业使用创新券直接抵扣。而且，针对创新券实施普遍存在着兑付周期长的问题，广东的创新券改革先行一步，在国内率先实现了常态化申领、直接抵扣、季度集中兑付。

在优化成果转化机制的过程中，资金也是重要一环。为帮助更多的科技企业盘活无形资产，引来知识产权质押融资的“活水”，为创新驱动发展提供更强引擎，广东持续推行知识产权质押融资改革。广东省市场监管局数据显示，2017年、2018年两年，广东专利权质押融资登记金额连续突破100亿元、200亿元大关，专利权质押融资额达345亿元，位居全国第一，惠及创新型企业2000多家。疫情期间，广东推出知识产权证券化项目和“知识产权快融贷”金融服务，为145家企业融资10亿

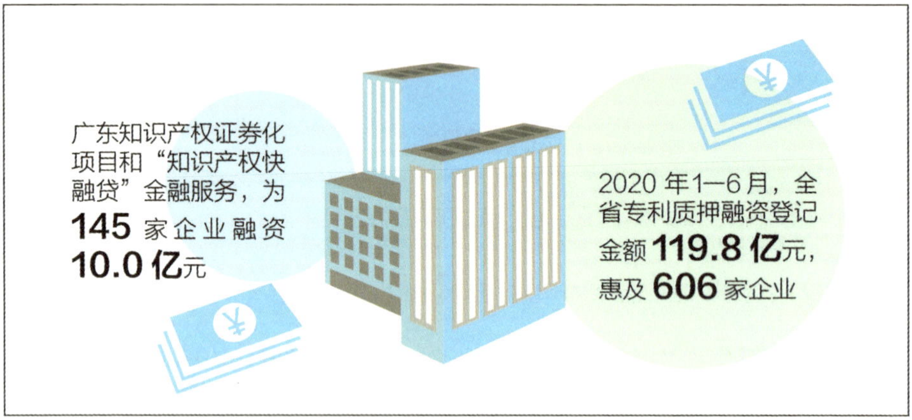

图 5-12 广东知识产权证券化项目和“知识产权快融贷”金额服务情况

元。创新商标专用权质权登记服务，帮助企业质押融资7.5亿元。2020年1—6月，广东全省专利质押融资登记金额119.8亿元，惠及606家企业。

【先锋企业创新样本】

新诺科技：掌握了技术源头就掌握了核心竞争力

位于中山市火炬开发区明珠路边，有一家看似毫不起眼的企业，一台台被称为“高端电子产业的核心装备”的数字化光刻设备在这里不断产出。这家名为中山新诺科技股份有限公司（下称“新诺科技”）的高新企业，就是目前国内唯一一家拥有数字化光刻技术原始专利的设备制造商。

作为2020年中山市20家首批市级创新标杆企业之一，新诺科技产品销量在疫情之中逆势上扬，前三季度增长超100%，高峰期日发单金额甚至超过千万元。“无论环境怎么变，市场对优质产品的需求是不会变的。”该公司相关负责人认为，“逆市上扬”归根结底是技术引领和市场积累的结果，“抓住了核心竞争力，就掌握了市场话语权。”

“无掩模光刻之父”回国创业

故事要从20世纪90年代末开始讲起。

那时，一位名叫梅文辉的年轻人在美国球型半导体公司任职，负责研发工作。1998年，梅文辉带领团队发明了无掩模数字光刻技术——一项能够极大地缩短了光刻制程、大幅度降低成本的技术。梅文辉因此成为世界上首位将数字微镜阵列技术应用于光刻领域的科学家，光刻行业称他为“The Father of Maskless”（无掩模光刻之父）。

2000年后，日立、富士胶片等大公司都获得这项专利的授权，把这项技术开始应用到LCD（液晶显示器）、PCB（印制电路板）、MEMS（微机电系统）、HDI（高密度互连）等生产领域。但在国内市场上，仍是一片空白。

“我一直希望将这项技术带回中国。”梅文辉的机会，在2009年出现了。当时，新诺科技的创始人杜卫冲博士在美国硅谷创业成功，在寻求新的科技项目过程中了解到梅文辉的技术，相见恨晚的两个人对光刻技术的理念一拍即合。2011年，梅文辉作为技术总监全职加入新诺科技，他和杜卫冲一起组建了新的研发团队，这其中包括不少来自美国、日本高校的教授和专家。2012年，这个团队获得“广东省创新团队（珠江计划）”的支持，成为中山市第一支省创新团队；同年，该团队研发出第一代无掩模光刻设备样机，打破国外技术的垄断，获得国内外3000多万元的订单。

如今，新诺科技的“高端光刻设备创新科研团队”已从十几人发展至二百多人，核心技术人员占整个公司的比重近三成。

从2012年起，中山新诺科技股份有限公司在广东省、中山市和开发区政府的支持下，以广东省创新团队项目为中心，开始全方位地进行数字化光刻技术系统性的研发，并且逐步走向国内外市场。到2020年9月，新诺科技研发的系列光刻设备超过30个，累计销售数百台数字化光刻设备，其中多款光刻设备入选“广东省首台套设备”。在广东省第七届广东专利奖名单中，新诺科技的项目“曝光系统、校准系统、光学引擎、曝光方法和制造方法”获得银奖，“数字化光刻系统的开发和应用”项目获得2019年广东省科技进步二等奖。

技术创新撬动产业发展

掌握了数字化光刻技术源头，就掌握了核心竞争力。

梅文辉认为，新诺科技的创新之处，在于研发出新一代无掩模激光直接成像技术设备：在综合高功率激光光纤耦合技术和以数字微镜器件（DMD）为基础的图像扫描系统基础上，推出激光动态成像技术，即ALDI（Advance Laser Dynamic Imaging）。

这是新诺科技的独创之处。“不是普通的DMD的设备投影技术，我们研发的系统包括一个专门设计的DLP（数字光处理）光学引擎，加入微透镜的装置可形成‘点阵列’的功能。”梅文辉指出，该系统还具有特别的扫描方式和专门设计的光学系统，这让新诺科技的设备在激光直接成像技术上拥有独特优势。目前，这项技术主要应用在高端线路板、高密度互联、半导体封装、手机触摸屏以及OLED（有机发光半导体）显示面板等生产领域，覆盖线宽从亚微米到百微米的所有光刻制程需求。

目前，新诺科技的产品已经销往美国、欧洲及东南亚国家，世界上首台双面的无掩模光刻系统，就是新诺科技研发、生产的。这一设备主要用于航空航天工业，生产特别的电子产品。另外，他们销售给荷兰的PMS（工程生产管理系统），用于制造OLED生产用的金属掩模板，这是生产高分辨率OLED显示屏过程中关键的制程。

“我们的技术已经成熟并形成了系列化和批量化的产品，接下来要做的就是进一步扩大产能，加大市场推广力度，让更多的世界高精尖产品印上‘中国制造’标签。”梅文辉介绍，从这项专利延伸出来的产品主要有4个系列方向，分别是高密度精细印制电路板、柔性线路板、掩模板及半导体封装等光刻设备，产品销往世界各地。

新一代无掩模激光直接成像技术也在改写国内的产业格局。随着国内制造业的转型升级，新诺科技国内的客户也越来越多，新一代无掩模激光直接成像技术逐渐成为行业“标配”，助力国内企业产业升级。

“我们正筹备在科创板上市，目标是将公司打造为一家有核心竞争力的科创板企业。”在中山市2020年民营企业家座谈会上，新诺科技总经理刘尚军透露了近期目标。

当前，火炬开发区正大力推动新诺科技无掩模光刻设备增资扩产项目，计划在东部片区的深中通道登陆点一带，支持新诺打造无掩模光刻产业园。“目标是集成组件无掩模光刻产业链，把光学元件、机械平台、感光材料、微产线等相关产业带动起来。”火炬开发区相关负责人表示。

观察眼

唯有穿越风雨，才能抵抗风雨

在新诺科技采访过程中，记者在其车间门口留意到了一堵墙：从国际专利到中国专利，在入口处门两边各铺得密密麻麻。

“放不下了，楼上还有一些。”新诺科技创始人杜卫冲博士轻描淡写不经意地说。很朴素的陈设，说不上更多的审美讲究，一如这家企业十余年来的初心坚守：闷声把产品研发出来，用技术力量说话。

有“酒香不怕巷子深”的自信并不容易。这得耐得住寂寞，更要跟得上步伐。而其中的“压舱石”，就是掌握核心科技。

十年前，新诺科技将新一代无掩模光刻技术带回国内发展时，在国内市场做的是“从0到1”的事。但瞄准了关键人物——无掩模数字光刻技术的研发带头人，掌握了核心技术——掌握国际激光直接成像技术的源头，并且还拥有市场化的关键因素——光刻技术原始专利在世界范围内的使用权，新诺科技最终迎来“从1到10”的发展新阶段。

作为把自主研发、生产和销售融为一体的高端激光直接成像（LDI、数字化曝光、无掩模光刻）设备厂家，新诺科技的创业故事质朴无华，却也格外动人：保持清醒认识，锚定内心追求，通过扎扎实实的努力，耐心等待在自主创新的浪潮中迎来关键核心技术的厚积薄发，将发展主动权牢牢掌握在自己手里。

莫听穿林打叶声，何妨吟啸且徐行。

一如既往地艰苦奋斗，一如既往地加强核心关键技术攻关，一如既往地开放合作。在创新的道路上，唯有穿越风雨，才能抵抗风雨。

陆 | 粤港澳大湾区的创新挑战

调研发现，粤港澳大湾区在建设国际科创中心的过程中，仍存在六个方面的挑战："一国两制"三地，创新体制差异明显；要素流动不畅，软硬联通仍待加强；产业创新强大，原始创新能力不足；制造基础雄厚，高端服务产业欠缺；高校资源丰富，成果难以研以致用；城市地价高企，创新成本不断提升。

下一步，粤港澳大湾区亟须解决好这六个深层次问题，形成全社会创新合力，才能在危机中育新机、于变局中开新局。

（一）"一国两制"三地，创新体制差异明显

粤港澳大湾区处于"一个国家、两个制度、三种货币、三个关税区、四个核心城市"的独有环境中。这一特性，一方面带来大量机遇，使其在发展模式、规则体系和政策制度等方面更为多元，更灵活有效与国际衔接，实现优势互补；另一方面，三地创新体制不同，体制障碍是

■深圳湾口岸（鲁力摄）

■横琴口岸（钱文攀摄）

粤港澳大湾区形成合力需要克服的难题，政府在制定和执行具体的创新政策、法规和标准上存在不少差异，使大湾区推动内部协同创新更加复杂。

普华永道的相关报告认为，粤港澳大湾区的范围内，广东与澳门和香港之间有陆路边界，对于很多企业员工和研发人员来说，要在短时间内将员工或承包方部署到边界的任意一侧，操作上都存在一些困难，跨境出席紧急会议往往是不可行的，从税收差异到获得医疗服务的便利性，也会加大吸引和留住人才的难度。

港澳与内地在政治制度、社会管理体制、经济制度和生活方式等方面存在较大差异。特别是在市场经济体制方面，香港、澳门是“自由港”，强调市场主体自主运营，“小政府、大市场”的管理理念与体制在增强经济活力和对创新要素的吸引力的同时，也导致政府很难对全社会创新活动形成强有力、可持续的顶层设计和支持，难以更好地抵御风险变化、应对全球竞争。相较而言，内地政府在经济宏观调控方面发挥着重要作用，在推动创新上拥有相对完善的政策体系、有力的财政支持和强大的执行力，但社会主义市场经济体制仍需要不断改革完善，营商环境和创新环境有待进一步与国际接轨，对全球创新资源和创新要素的吸引力有待增强。

受制于体制差异，粤港澳大湾区内部各城市在产业错位互补发展、创新资源集约利用、创新平台共建共享、创新政策合力扶持等方面整体协调难度较大，一些领域存在同质化发展和资源错配。

在面临百年未有之大变局的今天，尽管部分国家和地区的保护主义和“逆全球化”趋势抬头，但创新全球化势头不减，美国硅谷、英国剑桥、以色列特拉维夫等国际知名科技创新中心都在采取多项措施吸引各种创新要素，积极抢占全球科技创新和高技术产业发展新的战略制高点。从近5年湾区内城市共同开展专利合作的情况看，粤港澳大湾区内城市间的协同创新水平仍弱于东京湾区、旧金山湾区和纽约湾区，有较大提升空间。

随着中国开放的大门越开越大，粤港澳大湾区要建设国际科技创新中心，建立跨区域的科技协同创新机制将是必须突破的难题。

（二）要素流动不畅，软硬联通仍待加强

《粤港澳大湾区发展规划纲要》明确提出，到2022年，要实现区内要素流动顺畅；到2035年，大湾区内市场高水平互联互通基本实现，各类资源要素高效便捷流动。

调研发现，在硬联通方面，粤港澳大湾区与东京、纽约、旧金山

重约 6 万吨的“巨无霸”管节正在深中通道沉管预制智慧工厂的浅坞区蓄势待发（石磊摄）

等世界级湾区相比，仍有差距。一方面，粤港澳大湾区内部通道有待优化，城际轨道交通发展仍然不足，珠江口东西两岸之间的交通连接线有待加强；香港、深圳、广州等城市均有实力雄厚的港口和机场，但整体港口群、机场群的联动效应未能充分利用，跨界交通基础设施接驳不够顺畅。另一方面，粤港澳大湾区对外通道，尤其是与中国内地纵深腹地的连通有待加强，其中铁路对外运输能力较为紧张，不利于最大限度激活“人流”的力量，限制了港澳、珠三角与粤东粤西粤北乃至更广大区域的经济联系。

在软联通方面，大湾区内部创新合作在人才、资金、技术、设备、知识产权保护、资质认证等创新要素的流动上，还存在不少障碍。在人员与货物通关方面，尽管粤港澳之间通关流程不断优化、监管程序不断简化，但跨境贸易便利化水平仍有提升空间，在推动“一地两检”、联

■深中通道正在运输过程中的 E5 管节钢壳（徐昊摄）

合监管、检验检疫标准互认、人员跨境合作交流方面仍需进一步探索有效举措。

在资金跨境流通方面，粤港澳大湾区的特色是“两岸三地”的金融市场，打通三地的金融市场，是壮大金融服务实体经济的落脚点。但目前仍存在两大关键挑战，一是资金单边流动可能对人民币汇率产生冲击，二是要求市场主体有硬预算约束。

在市场准入方面，内地与港澳的资质认证标准、市场准入条件不同，客观上增加了湾区资质互认以及专业服务人才跨境执业的难度。尤其是与创新息息相关的科技服务业和金融业发展，亟须引进更多港澳专业人才、企业、机构和其他资源，共同为创新提供更好的环境支撑。

因此，粤港澳三地提升互联互通水平的当务之急就是进一步促进人流、物流、资金流、信息流等要素跨境流通，破除硬件制约和制度制约，增强粤港澳大湾区发展活力和竞争力。

（三）产业创新强大，原始创新能力不足

作为粤港澳大湾区内的创新腹地和制造业中心，广东得益于发达的市场经济和开放的营商环境，企业创新活动丰富，带动整体产业创新实力较强，区域创新综合能力排名连续3年全国第一。

相比较强的产业创新实力，广东在基础研究方面存在较大短板。尽管区域创新综合能力居全国首位，但知识创造和知识获取能力相对薄弱，基础与应用基础研究短板比较突出，重大原创性成果较少。

基础研究具有投入多、周期长、见效久、带动性强等特点，世界发达国家和地区实践表明，“财政引导+社会资本共同投入”的模式是基础研究有效开展的重要保障。根据国家统计局发布的《2019年全国

■格力智能装备（关铭荣摄）

科技经费投入统计公报》，2019年，广东研发经费约3100亿元，总量全国第一，但研发经费占地区生产总值比重仅排全国第四，低于北京（6.31%）、上海（4%）和天津（3.28%）。从这方面看，广东基础研究的财政引导能力和撬动能力有待加强。

基础研究更加依赖大学、科研机构、科学实验室等重点平台，粤港澳大湾区重大科研平台建设正在加快，但仍未充分发挥作用。目前，广东国家重点实验室数量虽位居全国前列，但和北京、上海相比差距明显。国家超级计算广州中心和深圳中心、中微子二期实验室等国家重点平台加快建设，国家加速器驱动嬗变装置和强流重离子加速器装置等一批大科学装置集群雏形初具，但仍需一定时间才能成规模推出重大原创性基础研究成果，且在平台常态化运作、聚集高端人才团队、拓宽成果转化渠道、提高创新成果辐射能力等方面有待探索创新。

世界级、领先的科技创新企业相对较少，投入基础研究的社会力量不强。2020年，粤港澳大湾区世界500强企业增至21家，数量已非常接近纽约湾区，但其中约2/3的企业集中在金融、房地产等领域；剩下1/3的企业

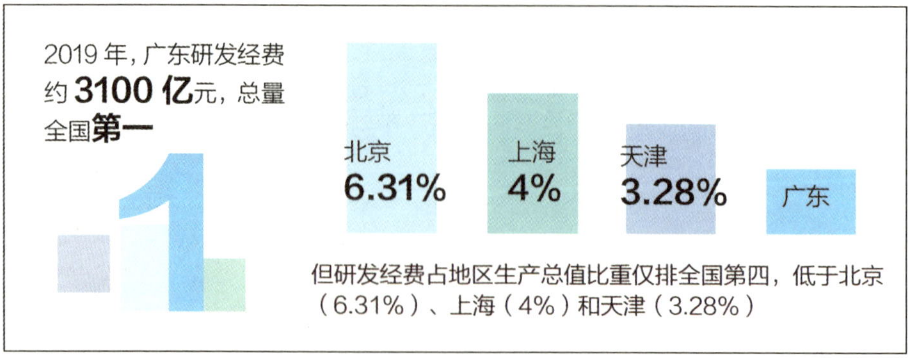

图 6-1　2019 年广东研发经费情况

■新劲刚 3 月 24 日深交所敲钟挂牌（王志文摄）

中，除华为在电子通信领域属于世界级企业、腾讯在互联网领域国际知名外，其他企业的行业影响力仍局限在国内或国际部分地区；尤其是在一些战略性新兴产业领域，具有全球影响力的科技创新企业数量偏少，竞争力偏弱。此外，广东企业主要开展需求导向的应用基础研究，但面临经费投入受经营压力限制、缺乏专门的基础研究人才队伍等问题。

（四）制造基础雄厚，高端服务产业欠缺

粤港澳大湾区拥有相对完整的工业链条和产业体系，工业经济基础雄厚，为科技创新活动提供了良好的产业土壤。粤港澳大湾区制造业集中在广东，2019年广东规模以上工业增加值3.36万亿元，是中国第一制

■唯品会总部大厦项目作为广州人工智能与数字经济试验区琶洲核心片区首个交付使用项目，标志着琶洲核心片区进入了企业入驻运营的全新里程（符超军摄）

造业大省。即使2020年受新冠肺炎疫情影响出现负增长，但凭借较强的工业基础，到第三季度，广东工业继续稳步回升，市场需求持续恢复，企业经营明显改善。广东省工业和信息化厅数据显示，2020年9月，广东全省规模以上工业增加值增长8.3%，增速创2020年新高，并已连续4

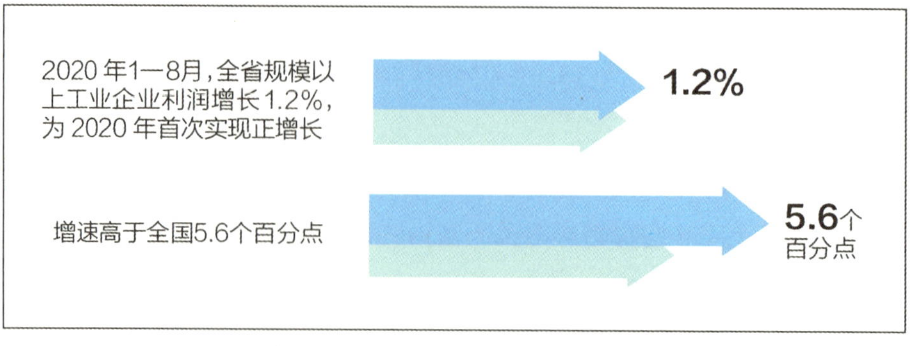

图 6-2　2020 年 1—8 月，广东全省规模以上工业企业利润增长情况

■格力模具公司生产车间（蒋欣陈摄）

个月正增长。

但从全球产业分工来看，广东制造业仍面临“大而不强、大而不优”的挑战，总体上仍未进入全球产业链、价值链、创新链的高端环节，一定程度上制约了粤港澳大湾区科技创新和产业升级。

近年来，广东先进制造业、高技术制造业加快发展，比重不断提升。但从总体情况看，传统制造业在广东工业中仍占重要地位，传统制造业中的中高端环节比重仍然不高；众多中小企业的自动化、数字化、信息化、智能化水平偏低，面临发达国家品牌技术“围堵”和发展中国家成本人口竞争的“双重挤压”；企业开展创新活动面临来自生存和经营的多方压力，通过技术赋能制造环节带动自身发展的趋势仍不明显。

另一方面，相比世界三大湾区，粤港澳大湾区高端服务业发展仍存在较大差距。从第三产业占比看，世界三大湾区第三产业比重均超过

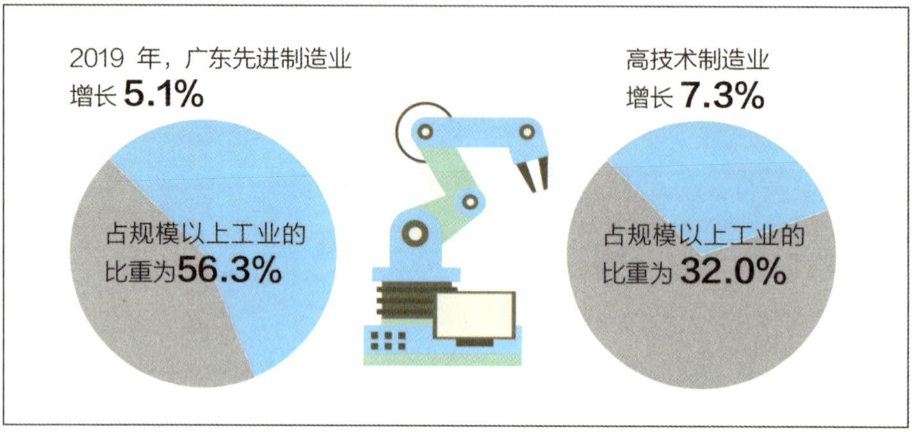

图 6-3　2019 年广东先进制造业及高技术制造业比重

80%，粤港澳大湾区第三产业占比为64.9%。世界湾区经济一般会经历港口经济、工业经济、服务经济、创新经济等几个发展阶段，目前粤港澳大湾区仍处于从工业经济向服务经济、创新经济转型升级的阶段，亟须立足制造业雄厚优势，进一步延伸链条，打通制造与服务、科创、金融等环节，以融合发展推动创新。

纵观粤港澳大湾区内部，仅香港第三产业占比超过90%，其国际航运中心、金融中心和贸易中心地位可为粤港澳大湾区创新发展提供重要支撑。但2019年修例风波、2020年新冠肺炎疫情、美国取消其贸易特殊地位等多重负面冲击叠加下，香港经济受创严重，社会发展遭遇较大危机，或将影响其对粤港澳大湾区科技创新的服务作用。

（五）高校资源丰富，成果难以研以致用

粤港澳大湾区高校资源丰富，但高校综合实力与世界三大湾区相比仍有差距。世界三大湾区高校实力和质量相对更强，以美国旧金山

■华南理工大学广州国际校区的教学楼建筑规模宏大、风格新颖（石磊、周新亮、包莹摄）

湾区为例，斯坦福大学、加州伯克利分校等20所世界著名大学均在区内，高校研究成果丰富，高端人才集聚，风险投资体系较强，产学研转化链条完善，诞生、孵化了一大批有实力的初创企业，苹果、谷歌、Facebook、特斯拉等创新巨头全球总部均位于此。

对比旧金山湾区，2020年QS世界大学排名中，粤港澳大湾区有5所

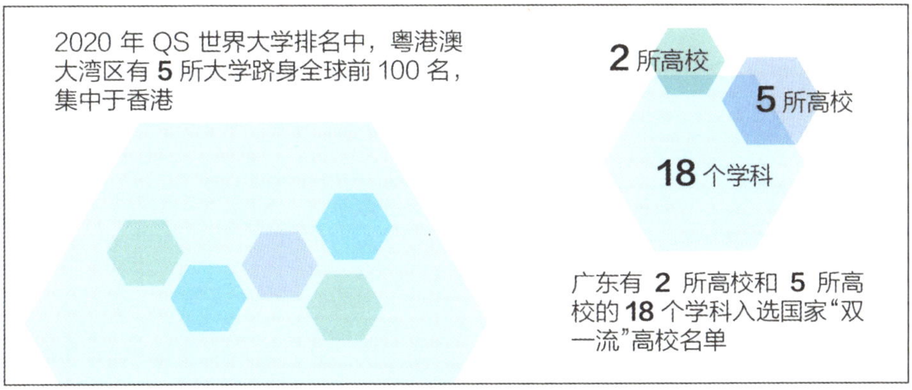

图 6-4　粤港澳大湾区高校综合实力分布情况

■中山大学校门（王昌辉摄）

大学跻身全球前100名，集中于香港，地域分布不均衡，且难以与产业创新要素相结合。广东有2所高校和5所高校的18个学科入选国家“双一流”高校名单，高校综合实力与全国经济第一大省的体量不相称。

这在一定程度上导致科研成果转化难、高端人才缺口大两项挑战。

一方面，科研成果难以快速、高效、成规模地支撑产业创新。如大疆科技是香港科技大学研发项目商业化的成果，其一部分知识产权研发依旧保留在香港，但最终在拥有更广阔腹地的广东实现产业化；产业化成功后，企业创始人又与大学开展更深入的研发合作，并投资了一些香港初创公司。但这样的创新探索仍是少数，“港澳孵化+广东产业化”的通道亟须进一步拓宽，尤其是大湾区内部各城市须避免同质竞争、加强优势互补，同时允许企业走出本地寻求更加适宜的发展空间，相互配合促进粤港澳大湾区整体科技实力提升。近年，大湾区内部顶尖高校资源加快强强联合，如香港城市大学在惠州设立校区、香港科技大学在广州南沙筹办分校、香港理工大学与深圳大学合作共建“大湾区国际创新学院”等，有望加快推动创新优势最大化，但这种效应充分释放仍需时日。

另一方面，高端人才集聚效应较弱，创新型人才引进差异化水平待提升。从高端人才缺口看，广东的院士数量位居全国各省（市）第六位，只相当于北京的1/20、上海的1/5、江苏的1/2，少于湖北省、陕西省。[1]从创新型人才引进看，粤港澳大湾区内各城市对自身所需的人才定位需要进一步厘清，形成差异化。

（六）生产要素成本走高，创新成本持续提升

当前粤港澳大湾区内部差距较大，区域发展空间面临瓶颈制约，资源能源约束趋紧，生态环境压力日益增大。产业升级需要更大空间、更多人才，但土地、能源、劳动力等生产要素成本持续走高，制约了大湾区创新发展。

粤港澳大湾区经济发展活跃、创新能力强，投资属性相对较高，房地产市场畅旺。国家统计局2020年9月发布的最新房价数据显示，在新房市场，广州9月环比增长0.6%，领涨一线城市；在二手房市场，深圳同比增长15.7%，领涨全国；惠州新房和二手房价格持续齐涨。然而近年珠三角土地开发强度日益提高，已超过30%的国际警戒线；港澳土地空间小，对创新产业项目的容纳能力非常有限。土地资源紧张、房价上涨，抬高了企业发展成本和人才生活成本，不利于创新。

---

[1] 根据中国科学院官网，截至2020年5月的数据显示，中国科学院院士工作地分布在全国27个省、直辖市、自治区，其中，北京市418人，上海市103人，江苏省47人，湖北省25人，陕西省23人，广东省22人，安徽省21人，香港特别行政区20人，辽宁省19人，浙江省18人；以上10个省、直辖市、自治区共有院士716人，占全体院士的87%。

■容桂恒鼎工业园已经成为顺德村级工业园改造的典范（戴嘉信摄）

调研过程中，广东不少大型知名企业认为，高房价、高税负一定程度上提升了企业人才生活成本，降低了广东企业吸引力，导致知名企业出现留不住人才的现象。

例如，某知名智能汽车公司提出，投资性房地产明显影响企业人才安居乐业，无形降低了企业吸引人才的信服力，企业人才难以扎根，降低企业竞争力；有企业表示，为给专业人才较好生活环境，企业自建员工公寓，但有比例限制，导致企业人才流失；有知名快递物流企业提出，降低了房地产对经济的影响，更能降低制造业成本，推动制造业可持续发展。

有受访的世界500强企业提出，创新的关键在于人才，但吸引留住高层次、创新型人才，不仅要应对高房价的压力，也迫切需要营造低税负的人才环境。

柒 粤港澳大湾区企业的创新建议

当前，站在世界百年未有之大变局的历史关口，加快形成以国内大循环为主体、国内国际双循环相互促进的新发展格局，成为谋划中国经济下一程的重要内容。

粤港澳大湾区作为中国经济重要增长极，作为中国深度融入全球产业链和创新链的重要区域，承担着集聚国外创新要素，在重要产业关键领域和前沿基础研究追赶乃至领跑国际先进水平的重要使命。

针对粤港澳大湾区企业面临的多重挑战，建议从以下六大方面进一步推动创新发展，助力粤港澳大湾区建设，推动大湾区实现产业转型升级，建立具有国际竞争力的现代化产业体系。

（一）深化科创机制改革加速创新要素流动

党的十九届五中全会审议通过的《中共中央关于制定国民经济和社会发展第十四个五年规划和二〇三五年远景目标的建议》指出："强化国家战略科技力量。制定科技强国行动纲要，健全社会主义市场经济条件下新型举国体制，打好关键核心技术攻坚战，提高创新链整体效能。"在市场经济条件下，企业会根据市场的成本收益原则自主决策，安排创新资源，选择创新方向。但仅仅凭借企业自身的创新，往往难以发挥最大效用。从高质量发展的大局看，必须通过深化科创机制改革，加速创新要素流动，充分激活企业在内的各个主体的创新动力。

1. 推动大湾区创新体制深度衔接，打破要素流动藩篱

粤港澳大湾区的"9+2"城市之间，创新体制机制存在显著差异，这既是要素流动的阻碍，也让科创机制改革可以"有的放矢"。应该在

深入研究珠三角和港澳的创新体制机制以及国际先进管理方式的基础上，推动大湾区创新体制深度衔接，率先在粤港澳大湾区内部建立创新要素流动的高速通道。

2. 建立科研项目大数据库和协作平台，推动要素优化组合

多年来，由于科研工作评价体系对成果转化重视程度不足，科研成果转化体制机制改革相对滞后等原因，高等院校和科研机构积累的数量众多的科研成果，特别是原本可以促进产业创新的科研成果未能实现落地应用，成为“沉睡”的创新要素。

建议建立涵盖粤港澳大湾区各高校、研发机构、创新型企业的科研项目大数据库，建立科研项目分析研究体系框架，一方面挖掘以往科研成果，发挥其创新效能，另一方面推动创新要素在各机构、企业间的共享、协作和优化组合，最大化发挥创新作用。

3. 改革科研创新监督机制，强化第三方监督

在粤港澳大湾区的很多高校和科研机构，仍存在管理模式相对落后，与创新工作没有直接关联的行政性事务负担较多等问题。建议改革和优化科研创新的监督管理机制，最大限度减轻科研人员的行政性事务工作压力，强化科创领域内部监督和群众监督，推动创新人员、机构和组织建立创新自治组织、创新协会或创新联盟，强化社会第三方监督。

（二）聚合市场力量促进关键技术攻关突围

有别于基础科研，企业在关键技术上的创新突破必定是市场所需，人民群众所需。要充分发挥市场经济作用，政府主要起引导、鼓励和保障作用，更要不断强化企业等市场主体在创新活动中的主体作用。

1. 通过数字化手段，健全关键技术突破平台

目前中国是世界上产业链最齐全的国家之一，而且国内市场广阔，疫情冲击和全球政治经济波动，在客观上为粤港澳大湾区向产业链中的高附加值环节发展提供了契机。

大湾区产业结构的一大特点是，产业高度集中在电子信息、家电、汽车和智能制造等领域，行业共性技术的突破创新也就格外重要。建议利用数字化手段，进一步建立健全共性技术特别是关键技术突破平台，创新共性技术的研发和使用机制，集聚中高端产业要素和创新资源，在关键领域“卡脖子”环节实现突破。

2. 重塑工业园区创新生态，推动共性技术突破

工业园区是制造业高质量发展的重要载体，2020年7月，广东出台《关于推动工业园区高质量发展的实施方案》提出16项举措推动工业园区高质量发展，力争到2022年，打造20个以上产值超千亿元工业园区，引发广泛关注。

如今，工业园区已经逐渐从提供基础设施和税收政策等产业发展环境，向提供法律援助、创新孵化等中高端服务升级，广东应从工业园区升级切入，把政府的行政资源、研发创新资源、对外开放资源等，更加集聚于工业园区，提高工业园区的发展质量和效率。这也就意味着，工业园区的发展模式，需要从追求经济总量指标的“规模速度型”，向追求发展效益的“质量效率型”转变。

3. 建立传统产业创新研发“云平台”

粤港澳大湾区，特别是珠三角九市在纺织服装、家居装饰等传统制造产业具有雄厚基础，同时面临上游设计研发受制于人、人力土地等经营成本不断上升的夹击等共性问题。而这些行业中，往往以中小企业为

主，难以承担共性技术创新的成本。

近年来，大湾区通过发挥电子信息产业优势，推动“新基建”，在数字经济等领域优势明显。在此背景下，建议大湾区建立传统产业数字化研发“云平台”，着力推动传统制造业数字化改造和智能化转型，不断应用数字技术为代表的新技术、新业态、新模式改造传统产业，使传统制造业实现数字化、智能化、高端化、服务化、绿色化，推动传统产业的创新发展。

（三）依托重大平台创新产学研金协同机制

随着多个国家大科学装置、多个国家及省实验室等重大科研平台的落地，粤港澳大湾区并不缺少集聚创新要素的科研平台，但缺少将重大平台与现有产业有效对接、促进的机制，高校等机构的科研资源丰富，成果难以研以致用。

1. 建立创新“全生命周期”协作网络

在创新的全过程中，不仅需要人才、资金、技术等多种要素的协同，而且在创新的理论设计、技术论证、产品试验、小规模试产、中试、产业化乃至持续的更新迭代中，不同要素如何组合同样重要。

建议大湾区依托国家大科学装置等重大科研创新平台，引导和推动建立贯穿创新“全生命周期”的协作体系，打破部门、行业界限，构建知识、技术、信息、人才、资金等全方位流动和汇聚的协同创新网络，让重大科研平台从科研项目立项阶段开始，就与广东产业创新需求和资源紧密结合。特别是围绕广东战略性产业集群，利用广东制造能力和转化优势，完成产学研一体化转化，一步一步形成世界级产业集群。

2. 创新探索科研成果收益分享机制

2020年10月发布的《深圳建设中国特色社会主义先行示范区综合改革试点实施方案（2020—2025）》提出，深圳在深化科技成果使用权、处置权和收益权改革，在探索赋予科研人员职务科技成果所有权或长期使用权、成果评价、收益分配等方面先行先试。

建议加快实行非竞争性、竞争性“双轨制”科研经费投入机制，在科研成果具有明确市场前景或为解决企业创新需求的领域，研发机构与研发人员在收益分配上坚持按照市场化原则，成果转化的收益和风险更多由研发团队和企业承担和享受。

（四）依托双区驱动提升创新服务业态水平

粤港澳大湾区的制造基础雄厚，但高端服务产业相对欠缺且发展很不平衡，客观上形成港澳高端服务业+珠三角制造业的发展格局。

上海交通大学安泰经济学院特聘教授、中国发展研究院执行院长陆铭认为，发达国家经济结构以工业和服务业，尤其是现代服务业为主，都需要集聚，现代服务业大量以知识、信息和技术为核心竞争力，更加集聚在城市。大城市人越来越多的背后，是知识和技术密集型产业在现代经济中占比的提高。[1]

随着广州和深圳的产业升级和经济结构的优化调整，现代服务业尤其是中高端的生产性服务业快速发展，建议大湾区以此为契机，依托双区驱动，不断提升创新服务业态水平。

1. 提升广深中心城市的经济集聚度

建议粤港澳大湾区，特别是珠三角城市全方面推进制度观念、基础

[1] 陆铭．大国大城．上海：上海人民出版社，2016：33.

设施、人才储备、行业准入等的开放、对接，进一步提升广州和深圳两个中心城市的集聚程度，发挥“连锁”效应，充分释放大湾区、先行示范区“双区”驱动效应，推动广州、深圳紧紧连接、融合发展，在人口和土地等要素流动上率先探索、突破，让市场更好发挥优化资源配置的功能，实现对周边的辐射带动。

在发展理念上，广深港澳这四座粤港澳大湾区主要城市，不能唯GDP论，应进一步加强基础设施建设，降低交通运输和通信成本。

2. 挖掘中心城市比较优势提升创新服务效能

建议设立专业的大湾区创新服务平台，精准服务全球创新活动的研发、技术、设计和相关中高端服务人才，全方位高水平服务在全球具有领先水平的创新研发活动和市场主体，将广州的教育人文优势以及商业贸易相关服务业优势，香港在金融、法律、财务、教育等方面的优势，深圳在制造产业、技术创新、人才集聚等方面的优势，在创新服务领域形成强强联合。

3. 促进消费升级激活服务创新动力

扩大内需的核心包括推动消费升级。建议粤港澳大湾区通过推动供给侧结构性改革，实现更多供给侧的技术创新和服务模式创新，使供给侧结构能够基于市场机制更有效地迎合消费需求升级的变化，通过激发居民消费潜力，通过有效的市场竞争刺激服务业态的创新。

（五）推动国内外科创循环谋划前沿研发

在当前双循环新发展格局下，粤港澳大湾区的企业一方面应进一步扩大开放，吸纳全球创新资源为我所用，一方面加强与国内科研机构的协作，充分发挥各自优势，在具有远大发展前景的关键领域提前谋划布局、长期持续推进研发创新，在未来的创新竞争中抢占先机。

1. 主动出击寻求国内创新融合发展

在当前国际政治经济面临动荡的格局下，如果不能坚持自主创新，坚持技术研发创新就必然受制于人。

改革开放以来的40多年发展中，京津冀、长三角等区域也都具有较为雄厚的产业基础和创新研发实力。对于这些区域已经有成熟创新技术的领域，建议广东主动走出去，实现创新要素的集聚使用，充分发挥不同区域的创新优势，瞄准符合产业和经济发展趋势的前沿领域，协同创新。

建议大湾区的企业以更高战略视角、更大区域范围和更远发展目标提高创新要素的配置效率，建立高水平的国内创新循环，探索“京津冀研发、粤港澳转化”“长三角—粤港澳联合研发”等多样化的跨区域合作模式，提升粤港澳大湾区在国内创新上的主动性和影响力。

2. 坚持开放吸引全球创新协作

广东面临的对外开放环境正在发生巨大变化，面对当前国际经济存在的科技脱钩、产业脱钩、金融脱钩、能源脱钩和规则脱钩的挑战，必须要通过全方位的国际合作，团结全世界的企业共同参与粤港澳大湾区的创新发展。

建议粤港澳大湾区一方面加强与泛珠三角乃至东亚周边区域的高质量共建合作，一方面通过培育具有强大竞争力的战略性产业集群，积极参与21世纪海上丝绸之路，培育和深化与欧洲等地区的合作，在产业链、价值链、供应链，以及贸易投资和实体经济方面，开展全方位国际合作。

建议在打开大门坚持扩大对外开放吸引全球创新协作时，着重提升在研发和设计环节的创新能力，推动发展粤港澳大湾区的创新经济，特别是通过粤港澳大湾区7000多万人口的消费市场和产业配套能力，以应用需求促进产业化进程，争取在5G等战略性新兴产业集群上实现领跑。

（六）发挥核带区比较优势建设创新试验区

随着城市化进程的推进，粤港澳大湾区的城市也面临地价上涨、人力成本上升等难题，不仅加工制造业出现外溢趋势，创新成本的提高也对企业吸引人才推动创新造成一定阻碍。“一核一带一区”区域协调发展格局正在形成，为发挥各自区域比较优势推动创新提供良好契机。

1. 建立跨区域创新试验区和研发平台

建议粤港澳大湾区充分利用沿海经济带东西两翼和北部生态发展区的土地、生态和环境优势，建立跨区域的创新试验区和科技研发、成果转化平台。

建议利用珠三角核心区产业基础雄厚，创新要素集聚，创新氛围浓厚等优势，推动广深港澳等中心城市实现产业高端化，一方面将相对传统的重化工、加工制造业向外围扩散，为中心城市的产业升级腾出空间；另一方面利用这些区域生活成本较低、生态环境优美等优势，加强高铁、城际轨道等基础设施建设，借鉴中心城市经验优化创新环境，在合适区域共建创新实验区，在土地使用、税收分成、平台建设等机制上率先探索，吸引创新企业特别是创新型中小企业的集聚发展。

2. 借鉴长三角经验培育一体化创新生态

只有营造开放、包容、共享的发展环境，才能让粤东粤西粤北公平参与和融入粤港澳大湾区发展，公平地分享双区驱动、双核联动带来的优势。

建议粤港澳大湾区借鉴长三角一体化的发展经验，推动粤东粤西粤北、珠三角地区和港澳形成统一市场，构建相互促进的经济发展区域，逐步形成高水平的创新发展制度建设和浓厚的创新文化氛围，推动区域协调发展，从而提高创新效率、降低创新成本。

3. 探索跨区域创新考核激励机制

行政区划在税收和发展考核上的现行机制，客观上一定程度制约了跨区域创新发展。

建议粤港澳大湾区加强对区域政策的统筹考虑，更好协调利益分配机制，减少要素流动的壁垒，将跨区域的“飞地”模式等创新成效纳入区域发展的整体考核，以新方法、新模式鼓励企业在不同区域配置和布局创新要素和资源，最大化利用粤港澳大湾区的创新资源和政策优势，提升企业的创新能力和国际竞争力。

捌 智库专家建言

// 郑永年 //

新全球化下珠三角可借机发展内需市场

■郑永年

疫情在全球持续蔓延，全球产业链供应链受到波及。香港中文大学（深圳）全球与当代中国高等研究院院长郑永年接受南方日报专访认为，疫情促使欧美等国家更强调自身的“经济主权”，全球化将受到抑制，可能会回归到20世纪80年代之前的国际贸易形式，部分产业将向本国回流。从短期看，将为中国带来较大的产业调整成本；但长期看，部分产业回迁将在客观上让出市场空间，有利于中国企业补充替代，进而向产业链上的高附加值环节攀升。

“有限的全球化”正在出现

南方日报：近日，美国和日本提出，要将本国企业迁出中国。您也提出，疫情会导致全球回到20世纪80年代以前的状态——传统的投资与贸易的形式，请问这是基于怎样的分析？

郑永年：新冠肺炎疫情之后，各国都会想方设法收回更多经济主权，全球化方向会发生变化，即变为“有限的全球化”。

具体来看，这次疫情中，美国欧洲等发达经济体，虽然具有最发达的医疗系统、公共卫生系统，但疫情发展情况依然很惨烈，一个重要原因是20世纪80年代以来的全球产业转移，口罩、洗手液、呼吸机等医疗物资产业链大量转移到中国等发展中国家，欧美国家自身的生产能力大幅降低。

中国在抗击新冠肺炎疫情中，之所以能在短时间内取得巨大成效，不仅缘于全国统一行动的制度优势，也因为医疗物资的产能相对充裕的经济优势。虽然刚开始医疗物资也曾出现短缺，但是随着产能快速提升，目前已经基本缓解。

因此，疫情之后，各国从国民生命安全和经济安全考虑，都会更多把经济主权掌握在自己手里，全球化将转变为“有限的全球化”。

南方日报：您认为这种全球范围的产业回流会给世界经济贸易格局带来哪些影响？

郑永年：从历史上看，20世纪80年代以前的全球化是有限的全球化，即每个国家都掌握自己的经济主权，并在此基础上进行贸易和投资。80年代后的全球化是更深层次的全球化，生产要素在全球市场进行优化配置。但此次疫情之后，全球化会出现回落，部分产业链会迁回西方发达国家。

但要看到，欧美不会把所有企业都搬回本国，而是主要集中于两个领域：第一，与国家安全有关的企业。这在中美贸易摩擦中已经体现出来。第二，与公共卫生医疗物资相关的企业也会被要求回归。

我不同意有人讨论的“去中国化”。“去中国化”是指美国等国家将其在中国的企业迁到越南、印度等其他国家。实际上，美国等国家主要把境外企业迁回本土，迁出的区域不仅包括中国也包括其他国家。至于一些国家想投资分散化，即避免投资过度集中在一个国家，这也是正常的经济考量。

对中国是危也是机

南方日报：中国通过四十多年改革开放迅速崛起，正是受益于全球化，当前已深度参与全球产业链分工，如果出现“有限的全球化”，对中国将带来哪些影响？

郑永年：短期看，“有限的全球化”会对中国经济产生较大冲击。近年来，外贸占中国GDP的比重都在30%以上，外资、外商在中国经济中也占有重要位置。

此次疫情对中国的影响体现在两个方面：其一，中国很多地方的企业复工之后，由于欧美国家的订单减少乃至消失，无法正常生产；其二，疫情结束后，随着美国、日本等国家的企业迁出，将给中国带来比较大的产业调整成本。

但从长期看，中国将从“有限的全球化”中获益。一方面，西方产业不可能全部回归，另一方面，西方企业搬出后让出的国内市场空间，中国企业可以迅速占领。

目前中国是世界上产业链最齐全的国家，而且国内市场广阔，“有限的全球化”对中国企业来说也可以是很好的机会，不仅可以占领西方企业留下的产业链空间，还可以向产业链中的高附加值环节发展。

南方日报：广东作为外贸大省和吸引外资大省，与国际贸易链、产业链关系紧密，您认为应如何应对这种冲击？

郑永年：“有限的全球化”下，美国、日本等国家即使将企业迁回本国，也是一个较长的过程，不可能一年半载完成，对于中国，对于广东来说，会有一个缓冲期。

要看到，外资企业来到中国的主要原因就是看中了中国市场，这些企业迁出后，就为中国企业腾出市场空间。特别是，珠三角是外向企业最集中的地区之一，在新的全球化格局下，可以借机发展内需市场。

将社会经济稳定摆在优先位置

南方日报：当前有观点认为，疫情将带来世界历史发展的转折，改写全球政治经济格局，中国应当如何积极应对？

郑永年：中国要用底线思维，踏踏实实把国家发展好，而不要过于依靠西方市场。在当前的背景下，中国经济社会发展的关键，不是GDP，而是保证生命安全和正常的生产生活，保证社会稳定，以后才有继续发展的机会。

要看到，1997年、2008年的金融危机，局限在金融等少数领域。这次新冠肺炎疫情带来的危机是综合并发症，不仅蕴含着金融危机、经济危机，还有社会治理危机、国际秩序危机等多个危机并发，从这个角度看可能比1929年的大萧条更复杂更严重。

对中国来说，要更注重深化体制机制改革、壮大中等收入群体、保护中小企业等方面，以社会整体的生存发展为中心，而不是片面追求GDP增长。实际上，做好这几个方面，也会促进GDP。特别是，要确保低收入群体的生活稳定，确保完成脱贫攻坚任务。一个社会进步的标志，不是能产生多少富人，而是能减少多少穷人。

南方日报：在这次疫情应对中，中日韩三国互动和合作也较为紧密。有专家建议，中国应借机与日韩紧密合作，巩固亚洲命运共同体。对此您怎么看？

郑永年：中日韩的地理距离不远，文化相近，产业链的区域分布也非常好。这次应对疫情，各国互帮互助，体现出三国政府之间高度互信，整体表现好于欧盟。这样的区域发展方向是值得肯定的，有利于区域安全稳定的，应该继续推进。

不过，日本也提出把企业搬迁回去，说明日本对经济形势存在一定担忧。接下来就需要通过进一步加强协作，共同应对危机，避免各国各自为战。

此外，东南亚有很多国家，面积、人口和经济体量上比较小，疫情之后，关乎国计民生的产业可能会放在本国，但是不可能把所有的产业链迁回。就像我常说的“一个世界，两个市场”，即世界上存在分别以中国、美国为中心的两个巨大市场，东南亚不会放弃美国市场，但从产业关联上与中国会更加紧密。

// 刘元春 //

“内循环为主体”是大国经济的必然要求

构建国内国际双循环相互促进的新发展格局，是中央基于国内发展形势、把握国际发展大势作出的重大科学判断和重要战略选择。为什么中央在此时提出这一思路？要解决我们经济发展过程中什么痛点？

2020年8月24日，中国人民大学副校长刘元春教授出席了中央组织召开的经济社会领域专家座谈会，提交了书面发言，就“十四五”规划编制等提出意见和建议。在刘元春看来，实际上双循环很重要的就是以满足国内需求为出发点和落脚点，以国内分工体系为载体，以国内生产消费分配流通等环境的畅通、新动能的不断提升为内生运行动力，以国际大循环为补充和支持的一个经济循环体系，能够全面焕发市场活力。

依靠内部市场活力，提升资源配置效率

南方日报：中央提出“加快形成以国内大循环为主体、国内国际双循环相互促进的新发展格局”。这一思路将解决我们经济发展过程中什么痛点？

■刘元春

刘元春：它不是外部变化的应急之策，是中国发展阶段的内生产物，是面对未来百年大计需要进一步进行的动力转换，创新驱动。

“内循环为主体”是“大国经济”的必然。全球

化在2008年之后出现了逆转，在遭受新冠疫情后也出现了一些加速性的变化。其次就是大国博弈，特别是中美之间的经贸摩擦，进入了一个关键时点。

“内循环为主体”符合中国当前发展阶段的特征。外部需求持续下滑，中国经济要跨越中等收入陷阱，必须通过内部创新体系的完善，即内部经济大循环所带来的基础创新、商业创新、集成创新等方式才能实现；必须依靠内部市场活力挖掘，提升资源配置效率。简单依赖于传统的“两头在外”的发展战略，中国很难突破中等收入陷阱，也很难为人类技术进步，为下一轮的产业革命提供中国力量与中国方案。

“内循环为主体”是世界变局中寻求产业链稳健的要求。从2008年开始就对之前“两头在外，以国际大循环为主体”的外向型发展战略进行大幅度的调整。目前的战略其实是过去十多年里战略调整、政策重构的完善。比如，我国过去的外贸依存度最高达到60%多，到2018年降到了33.9%，下降的幅度很大。对于中国而言，海外市场拓展空间有限，贸易差额占GDP比重已经从2007年7.53%的高峰下降至2019年的2.94%。与此同时最终消费支出对GDP的拉动作用稳步提升，转型为内需主导的经济体有利于中国经济依靠庞大的国内市场抵御外部环境的冲击，继续充分挖掘内需的潜力成为未来中国经济发展的新方向。

但“国内大循环”并非完全摒弃国际分工，也不意味着中国对外开放战略的转向。事实上，中国的内部循环绝非闭门造车，而是通过重塑国际产业链、贸易链布局使国际循环更好地为国内循环服务，这也是“国内国际双循环”的应有之义。

“十四五”要形成中国经济增长的“新风口”

南方日报：您出席经济社会领域专家座谈会并提交了发言稿，提出了哪些政策建言？

刘元春：我可以就“十四五”规划谈谈认识。

我们迎来了“十四五”规划开局设计，面对一个新的五年的真正的展望以及对未来十年、二十年，一种成长思路和成长答案的摸索。

我们同时面对诸多挑战。国际环境错综复杂，大国间战略利益博弈复杂激烈。比如，目前我国高端产业链中还有很多关键“掐脖子”的技术尚不掌握，诸多核心技术领域尚未实现自主可控。

中国老龄化程度日益提高，60岁以上人口占总人口比例已经超过18%，65岁以上人口占总人口比例接近15%。从劳动力供给看，老龄化毫无疑问会降低劳动力供给增速。中国国内消费增速逐年下降，已经由过去10%以上的两位数增长下降到8%左右的个位数增长。

我们的研究认为，“十四五”期间经济增长率要保持在5.5%的水平才能应对挑战，完成任务。中美的GDP比重也将从现在的67%到2025年的80%。

既然未来潜在增长率已经落入5%左右的区间，那么，如何建立短期救助与中长期结构转型升级相配合等政策要点，如何通过实质性深化改革，立足于结构性潜能，形成中国经济增长的“新风口”，是需要认真考虑的政策和改革重点。

后疫情恢复期给中国“双循环”布局提供了契机。历史表明，危机期间做出的种种选择可以塑造未来几十年的经济格局。

南方日报：“双循环”也意味着扩大内需更可能成为宏观调控和结构性政策的方向和重点。因此，如何更好地扩大内需，用正确的方法和手段扩大内需，提高扩大内需的质量和效率，显得非常重要。您有哪些建议？

刘元春：扩大内需需要充分发挥消费的基础性作用。对于当前中国经济，消费既是压舱石又是发动机。

目前产能过剩、外需持续下滑的状况下，矛盾的主要方面开始向需求不足转变。因此，一方面要通过改革收入分配、建设福利体系提振国内居民的消费潜能，另一方面要通过良好的跨周期的资源配置，加大对“两轻一重”的投资力度、对研发的投资力度，使中国的新动能得到进一步的提升。因此，扩展内需成了目前工作的一个核心，但是内需的扩展并不是简单通过消费政策实现短期的消费提升。因为双循环战略是中长期战略，它必须要从一些基本要素、基本制度、基本循环的角度来改善资源配置效率，使生产力发展到一个新阶段。我们要坚持供给侧结构性改革这个战略方向，扭住扩大内需这个战略基点，使生产、分配、流通、消费更多依托国内市场，提升供给体系对国内需求的适配性，形成需求牵引供给、供给创造需求的更高水平动态平衡。

扩大内需的核心应包括迎合消费升级

南方日报：从内需增速或是内需相对于收入增速的关系来看待。从2000年到2018年，我国居民消费支出按当年价计算，年均增长11.8%，其中城镇居民年均增长12.8%，农村居民年均增长9.1%，政府消费支出年均增长12.2%。这些数据说明，中国经济的国内需求动力并非不足，而是持续强劲的。在您看来，持续谈论扩大内需的具体政策意义到底还应该包括哪些？

刘元春：扩大内需的核心应该包括迎合消费升级。如何使国内的供给体系更有效地迎合消费需求升级，使消费结构升级更好地牵引供给结构变动，应该作为新时期中国扩大内需的主要内容。

通过供给侧的一系列制度改革和管制的放松，以及日益强化的供给侧技术创新和服务模式创新，使供给侧结构能够基于市场机制更有效地迎合消费需求升级的变化，居民消费得到释放。

此外，要堵住房地产虹吸效应；推进要素市场化改革、建立高标准市场体系，继续扩大对外开放。

南方日报：2019年，中国居民消费对GDP贡献率仅为38%，远低于60%左右的国际平均水平。然而，收入是居民消费的长期决定性因素，收入分配制度改革或将以完善要素分配机制为重点，着力提振中低收入群体收入，让群众“能消费”。对此，您怎么看？

刘元春：收入是居民消费的长期决定性因素，收入分配制度改革或将以完善要素分配机制为重点，着力提振中低收入群体收入，让群众“能消费”。十九届四中全会将收入分配制度上升为社会主义基本经济制度，预计分配制度改革或从优化初次分配和强化二次分配着手，以实现“增加低收入者收入，扩大中等收入群体，调节过高收入”的目标。优化初次分配中对劳动、科技、土地等要素分配机制或将是收入分配改革的重心所在。

如何有效将国内居民储蓄率降下来，形成自循环均衡经济体？从这个角度，构建“国内大循环”是供给侧结构性改革的延续和深化，也是构建“国内大循环”要解决的痛点之一。

国内经济大循环要解决内生动力的问题

南方日报：“内循环”体系下，您预期市场主体与政策可能做出哪些调整？

刘元春：国内经济大循环还要解决我们内生动力的问题，解决我们发展的主要矛盾所呈现出来的新问题、新规律。以国内大循环为主体，意味着在需求端，投资—消费—净出口的需求侧动能结构将进一步重构，细分项目的经济治理思路也将有所调整。

事实上，国家已经陆续出台了一系列政策，如，更加注重推动要素市场改革，包括放松大城市落户政策、全面推进农村集体经营性建设用地直接入市、通过并实施《国企改革三年行动方案》等。户籍和土地改革，以及社保体系的进一步完善应能为农村人口和农民工创造更多的发展机会和更好的就业环境，进而增加劳动力供给、提振消费活动。

同时，我们应在“十四五”期间通过收入分配改革，和国内大市场的进一步提升，来使我们的资本形成效率得到进一步的改进，这是非常重要的问题，我们内需驱动必须要依存于此。我们需要在创新驱动，在收入分配改革和社会建设的基础上，跨越中等收入陷阱。

// 张燕生 //

广东要在打造高水平产业发展环境上走出新路

“广东发展战略性产业集群，对于建设和完善高标准的社会主义市场经济体制，意义重大。”中国国际经济交流中心首席研究员张燕生接受南方日报专访表示，广东应充分发挥在产业创新方面的优势，打造面向未来的世界一流创新链，在营造高水准的高质量发展环境上为全国乃至全球走出一条新路。

推动形成统一的国内大市场

南方日报：近日，广东出台20个战略性产业集群行动计划，全力打造具有国际竞争力的世界先进产业集群，你对此怎么看？

张燕生：发展战略性产业集群，是广东在新时代站在一个历史的新起点上，推动高质量发展、建设现代化经济体系、推进国家治理体系和治理能力现代化的一个重大战略举措。培育发展战略性产业集群将会对广东构建实体经济、科技创新、现代金融、人力资源协同发展的现代化产业体系发挥非常重要的作用。

目前，广东战略性支柱产业集群的规模大概是15万亿元，战略性新兴产业集群的规模大概是1.5万亿元。这两大集群取得发展，就能够打通生产、分配、流通、消费各个环节形成统一的国内大市场，对于建设和完善高标准的社会主义市场经济体制，意义重大。在这样的基础上，广东就能够积极参与和推动形成国内大循环为主、国内国际双循环相互促进的新发展格局。

南方日报：在广东的战略性产业集群中，既有新一代电子信息这样的支柱产业，也有智能机器人这样的新兴产业。

■张燕生

张燕生：这20个产业集群基本上囊括了广东的优势产业和全国的关键行业。培育发展这些产业集群，既体现了广东立志在产业升级上取得突破的规划，也符合国家高质量发展的整体战略，从而助力形成广东乃至全国在国际合作和竞争中的新优势。

形成世界经济增长的新动力源

南方日报：广东经济的对外依存度很高，在当前国际形势下如何确保产业链安全也很受关注。

张燕生：是的。当前，从国际环境来讲全球化遭遇挑战，全球产业链和供应链整体上在收缩，在这种情况下，广东大力推动这种战略性产业集群的发展，会形成世界经济增长的新动力源和创新策源地，在这个方面的意义非常大。

与过去40年相比，无论是新冠肺炎疫情还是全球经济环境的变化，广东面临的对外开放环境正在发生巨大变化，因此要落实20个战略性产业集群的培育发展，核心的问题在于要应对当前国际经济循环中存在的科技脱钩、产业脱钩、金融脱钩、能源脱钩和规则脱钩的挑战。也就是说，要通过全方位的国际合作，团结全世界的企业共同参与广东的战略性产业集群发展。

南方日报：在全球新的产业分工格局中，广东有怎样的机遇？

张燕生：从广东来讲，首先是构建广东和东亚、中亚以及南亚次大陆等周边区域的高质量共建合作，其次就是通过培育具有强大竞争力的战略性产业集群，积极参与21世纪海上丝绸之路；最后，还应培育和深化与欧洲等地区的合作，在产业链、价值链、供应链，以及贸易投资和实体经济方面，开展全方位国际合作。

南方日报：近年来，广东也一直在发力推动产业集群进入全球产业链的中高端。

张燕生：广东要充分发挥在产业创新方面的优势。

2020年9月，世界知识产权组织发布的《2020年全球创新指数报告》显示，中国有17个区域进入全球创新集群百强，其中，深圳—香港—广州创新集群排名全球第二，仅次于排名首位的东京—横滨创新集群。也就是说，我们可以看到广东目前的产业集群发展水平、科技创新资源集聚程度，以及环境支撑体系的营造，已经在全球处于靠前的位置。

同样是这份报告还表明一个很重要的趋势，大约50%的新的国际专利来自亚太地区，大部分是用汉语、日语和韩语写成的，这是一个根本性的变化：全球创新资源和要素正在“东移”。在这样的大趋势里面，广东毫无疑问站在领先的位置。

下一步，广东要打造面向未来的世界一流创新链，包括一流的基础研究、一流大学、一流的科研院所、一流的应用研究、一流的共性技术研究平台，以及一流的以企业为龙头的技术研究。

推动“一核一带一区”协调发展

南方日报：在行动计划中，广东提出改革项目组织实施方式，积极推动产业、科技、教育深度融合等举措。培育发展战略性产业集群的关键在哪里？

张燕生：要推动企业走向创新驱动，实现产业集群的高质量发展，就要营造出实体经济、科技创新、现代金融、人力资源协同发展的现代化产业体系，环境是关键。从广东来讲，就是要营造一个好的环境，包括好的营商环境、投资环境、市场环境、法治环境和政策环境。希望广东能够在营造高水准的高质量发展环境上为全国乃至全球走出一条新路。

南方日报：就广东来说，21个地市的发展仍存在不均衡不协调的问题。很多城市都希望能在战略性产业集群发展中抢占先机。

张燕生：广东发展战略性产业集群的成效如何，很大程度上不仅取决于珠三角，而且取决于珠三角核心发展区、沿海经济带东西两翼和北部生态发展区之间能否实现协调发展。这既是一个考验，也是广东发展战略性产业集群的最重要条件。

只有营造开放、包容、共享的发展环境，才能让粤东粤西粤北公平参与战略性产业集群的发展，公平地分享双区驱动、双核联动带来的优势，“一核一带一区”在经济发展水平上的差距也会明显缩小。

广东和粤港澳大湾区，可以借鉴长三角一体化的发展经验，粤东粤西粤北、珠三角地区和港澳形成一个统一市场，构建相互促进的经济发展区域，实现协调发展、共同发展，我相信这一点非常重要。

// 刘志彪 //

培育世界级产业集群打通经济堵点促进双循环

“关键问题不仅在于建设战略性产业集群本身，而是通过这一举措打通国内经济循环的堵点。”南京大学长江产业经济研究院院长刘志彪教授表示，通过打通生产、分配、流通和消费四个方面存在的堵点，可以促进形成双循环的新发展格局。

刘志彪表示，未来的竞争是全球范围产业链与产业链之间、产业集群与产业集群之间的竞争，广东要着力建设若干世界级的战略性产业集群，以应对国际竞争的新挑战。

从客场到主场，吸引全球创新要素

南方日报：在以国内大循环为主体、国内国际双循环相互促进的新发展格局下，广东培育发展战略性产业集群的意义何在？

■刘志彪

刘志彪：过去40年的发展中，我们的经济发展取得了重大成就。广东处于全国经济的第一方阵，产业发展最有活力，竞争力最强，具有很大的发展潜力。

然而，在中美贸易摩擦加剧、新冠肺炎疫情全球蔓延的背景下，以出口导向为主的全球化战略面临挑战，过去通过把产品出口到国外市场以发展产业集群的模式面临转型。

我们必须充分认识到，随着中国经济的成长，国内市场也在成长，我们必须更多地利用国内市场来促进发展。与此同时，也可以借此为世界经济增长繁荣复苏作出中国的贡献。

南方日报：这种转型将给广东带来怎样的机会？

刘志彪：中国过去瞄准国外市场进行出口导向的经济全球化战略，在40多年中取得了巨大的成功。这一全球化战略的实施是在客场进行的。我们要尽快把在客场进行的、以出口为主要特征的经济全球化，升级为在主场进行的、以利用内需为主的经济全球化。这就需要通过内需来支撑产业集群的发展，让战略性产业集群参与国际竞争。

传统的出口导向模式，很难培养出自主技术和自主品牌。因为在全球价值链当中，研发和设计都由发达国家完成。现在，研发设计要更多由我们自己来做。当然，是在开放中做。以国内大循环为主体、国内国际双循环相互促进的新发展格局，并不是说要发展完全封闭的产业集群，而是要更多用国内大循环所提供的巨大的市场机会，吸引全球的先进生产要素，尤其是技术和人才来发展中国的创新经济。

在这方面，广东发展战略性产业集群将要起到非常大的作用。可以把广东乃至国内的产业链补齐、做强、做大，推动形成创新驱动发展的基本格局。

从产业到产业集群，应对全球竞争格局新变化

南方日报：我们注意到，现在存在一种逆全球化的趋势，部分国家提出产业回归。

刘志彪：新冠肺炎疫情之后，部分跨国公司把经济效益跟经济安全统一进行考虑。这就产生一个矛盾：讲经济效率，就要全球分布；讲经济安全，就要把产业迁回。这就导致两个现象：第一，跨国公司开始缩短全球产业链，将部分环节迁回本国；第二，迁回往往是低效率的产业，面临成本要素上涨的难题，可能采取签订自贸区协议或者产业集群的方式，由其他国家的企业代工生产，这样就导致产业在空间上的集聚。

南方日报：广东要如何应对？

刘志彪：广东在培育建设战略性产业集群的过程当中，要充分考虑全球产业集群竞争格局的变化，过去那种完成跨国公司订单的发展方式正在被淘汰，未来的竞争是全球范围产业链与产业链之间、产业集群与产业集群之间的竞争。

我们要强化产业集群，通过扩大开放，形成和完善高水平统一市场，吸引国内外资本，民营经济的力量也会更强大。

广东着力建设若干世界级的战略性产业集群，这些产业集群应该具有这些特点：产业链比较完整，具有比较长的循环，加工装配的能力比较强，加工制造精度比较高，复杂程度也比较高。一方面可以保证产业安全，另外一方面在全球也有强大的竞争力。

打通四个堵点，推动形成双循环新格局

南方日报：在当前全球政治经济形势下，如何保障产业链、供应链的安全和稳定备受关注。广东培育发展战略性产业集群要如何应对这种新趋势？

刘志彪：目前影响双循环新发展格局的堵点，也是影响战略性新兴产业发展的主要障碍。关键问题不仅在于建设战略性产业集群本身，而且在于通过这一举措打通国内经济循环的堵点。

第一个是生产的堵点，少数的关键环节、技术、产品、专利存在堵点。打通这个堵点要通过科技创新和产业创新来实现。一方面科创要面向实际需求，另外一方面产业创新要能够把科技知识转化为规模化量产能力，这个过程需要发挥企业作为创新主体的作用。广东有基础、有条件带头把这个事情做好。培育建设战略性产业集群就是一个重要举措。

第二个是分配的堵点。目前国内人均可支配收入还不高，超大规模市场的潜力没有完全发挥。在把蛋糕继续做大的同时，还要把这个蛋糕进一步分配好，提高发展的积极性。

第三个是流通的堵点。总体来说，我国市场体系还不健全、市场发育还不充分，市场的块状分割现象仍然存在。下一步的重点就是要建设高标准市场体系。可以在粤港澳大湾区等区域率先建设高标准市场，然后通过区域之间的深度开放形成全国统一市场，推动国内大循环。

最后是消费的堵点。其中最关键的就是提升居民收入。广东应该在国内率先培育、扩大中等收入群体的规模，而这又离不开建设若干具有世界竞争力的战略性产业集群。因此，培育发展战略性产业集群不单单是产业发展，更是社会经济整体发展的重要内容。

// 陆铭 //

撬动市场的力量加速区域协调发展

上海交通大学安泰经济学院特聘教授、中国发展研究院执行院长陆铭长期关注城乡和区域经济发展，在他看来，广东构建“一核一带一区”区域发展格局，形成有序的区域分工符合经济学规律，“是非常好的发展战略”。

他研究发现，广州和深圳的地区生产总值和人口总量占珠三角的比重逐年提高，但是人均生产值与其他城市的差距在逐年缩小，“这表明从集聚走向平衡的趋势已经在珠三角乃至广东开始出现。”

陆铭建议，广东要加快进一步提升中心城市的经济集聚程度，推动广州、深圳紧紧连接、融合发展，同时在人口和土地等要素流动上率先探索、突破，让市场更好发挥优化资源配置的功能，实现对周边的辐射带动。

谈区域协调，“从集聚走向平衡的趋势在珠三角出现”

南方日报：在经济社会领域专家座谈会上，你提出，在城乡和区域发展方面，如果一些体制性结构性问题得以解决，将能产生巨大的“制度红利”。如何理解您的观点？

陆铭：这包括强化都市圈的增长极作用，增强土地和住房管理的灵活性，优化公共服务和基础设施的供给，等等。

从空间的视角看经济发展，世界从来都不是平的，几乎每个国家，人口和经济都呈现出空间集聚的现象。不同的地区具有不同的发展条件，不能在总量上强求一致。而要实现人均指标上的平衡，就必须在经济集聚中发挥规模效应。一定不能把经济发展单纯理解为GDP的最大化，应更多理解为人均GDP和人均收入，以及生活质量的优化提升。

南方日报：广东的经济总量2019年突破10万亿元，在区域协调发展方面应该是可以有所作为。

陆铭：是的。我注意到广东正在通过构建“一核一带一区”区域发展格局形成有序的区域经济分工，这符合经济发展的客观规律，是非常好的发展战略。

陆铭

在劳动与资本积累速度放缓下，借助于大城市的规模经济效益，城乡和地区间的资源配置效率不断提高将越来越重要。我通过这几年的研究发现，广州和深圳的地区生产总值和人口总量占珠三角的比重逐年提高，但是人均生产值与其他城市的差距在逐年缩小，这个事实表明，从集聚走向平衡的趋势已经在珠三角出现，这对广东全省的区域协调发展来说同样是个好消息。

南方日报：你刚刚提到广州和深圳，世界上还没有两座超级城市可以像广深这样距离如此之近，这两座城市的关系也是广东区域经济中的热门话题。

陆铭：长期以来，我国城市间的关系是竞争大于合作，未来城市间将更加强调分工协作。粤港澳大湾区，特别是珠三角城市更要全方面推进制度观念、基础设施、人才储备、行业准入等的开放、对接。应该进一步提升广州和深圳两个中心城市的集聚程度，发挥“连锁”效应，推动两座城市紧紧连接，融合发展。

在发展理念上，广深不能唯GDP论；从相互关系上，应进一步加强基础设施提升，降低运输成本。两地还要发挥各自优势，比如广州在文化、教育等方面领先，深圳应在高校办学机制、人才引进等方面创新探索，放宽需求，形成强大的产学研互动体系。

谈产业布局，用好环境激发市场的力量

南方日报：我们发现一个现象，钢铁、石化等大产业项目正在向广东的沿海经济带集聚。比如，湛江就集中了巴斯夫广东新型一体化生产基地、中科炼化和宝钢湛江钢铁等多个大项目。这种变化是怎么发生的？

陆铭：港口本身就具有很强的规模经济效应，这也证明广东在沿海经济带的布局是合适的。

从产业分工的规律看，比较合理的布局是广深等中心城市实现产业高端化，将相对传统的重化工、加工制造业向外围扩散，为广深等地的产业升级腾出空间。在经济要素配置的过程中，政府更应做的是营造良好的发展环境，包括提升航运和国际贸易水平等。

南方日报：有些人担心，珠三角城市群会产生强大的虹吸效应，把周边的优质资源占为己有。

陆铭：市场经济讲究集聚和生产要素的流动，企业会根据市场的成本收益原则自主决策，把研发、生产和营销等环节在区域内进行布局，从而最大化利用经济要素。

经济的集聚程度由集聚带来的利弊权衡决定，其中非常重要的调节变量就是生产要素的价格，集中体现在地价、房价和劳动力工资上。对于政府来说，应该把精力放在打造好的环境上。基础设施的连通性和制度政策的标准化，是区域经济一体化必须完成的两项重要工作。广东应大力推进传统基建和新基建，探索广东全省营商政策的标准化，包括税收、招商政策、法律服务等，降低生产要素价格。

南方日报：所以说，珠三角、沿海经济带和北部生态发展区不可能用同一种模式去发展。

陆铭：没错。区域内经济的一体化必然伴随着明确的经济分工。珠三角地区侧重发展制造业和现代服务业，北部生态发展区侧重发展农业、旅游业等，这是合乎高质量发展要求的。对于北部生态发展区，政府主要做好三件事：一要控制开发强度，二要对破坏生态的产业进行拆除清理，三要做好财政转移支付。还要建设公路、铁路将当地特色产品运出来，把游客运进去。

谈“双循环”，在哪里就业就在哪里享受公共服务

南方日报：构建“一核一带一区”区域发展格局是广东落实总书记关于加快形成以国内大循环为主体、国内国际双循环相互促进的新发展格局重大战略部署的重要抓手。在“双循环”发展新格局下，广东还可以做些什么？

陆铭：国内循环和国际循环是相互联系的，广东经济的外向型特征明显，要想提高外向型经济的国际竞争力，就必须提高效率、降低成本，也就是在客观上要求推动实现区域协调发展。

具体而言，第一是促进更顺畅的人口流动，特别是破除阻碍劳动力流动的政策性障碍；第二是在人口和经济集中地供应更多土地；第三是加强基础设施的连通性，提升人流、物流、信息流效率，这方面可以参考东京都市圈的建设。此外，高速、高铁的沿线土地也要大开发。粤港澳大湾区寸土寸金，理应集聚更多的产能。

南方日报：广东在促进更顺畅的人口流动上有不少新的尝试。例如，广州最近也提出将认可长三角、珠三角城市入户积分。

陆铭：这是值得鼓励的新动向，很高兴能在珠三角看到。人口方面，我们要加快大城市外来人口的市民化进程，这也能帮助全国实现更加有效的就业；土地方面，现在已经在强调增强土地管理的灵活性，要抓住机遇，增加深圳和广州的土地供应，一方面缓解房价上涨，另一方面让周边中小城市连片发展。

越发达的国家，人口集聚程度越高。以东京为例，可以成为世界上最大的城市，是因为生产者和消费者可以在这里获得商品和服务的多样性，人口密度达到世界最高水平，是因为能把拥挤、污染和犯罪水平都保持在尽可能低的水平——城市把这三个水平降下来，就能不断提高宜居程度，从而不断壮大。

一个现代化的市场经济国家，应该实现居民在哪里就业就在哪里居住和享受公共服务。目前广东在人口、土地流动上的政策探索，已经处于较高水平，未来可以迈得更大一点。比如，广州、深圳有数量巨大的非本地户籍人口，应该加快落户进程。随着“市民化”的加速，教育、医疗等公共服务的供给要大幅增加，广州和深圳可以率先探索。土地的跨区域配置也应有所突破。外来人口可以在有偿、自愿条件下放弃家乡宅基地，并将其作为建设用地指标带到大城市，广州、深圳在这些方面也可以先行探索。

// 张燕 //

畅通“四个经济循环”，推动广东区域发展

中共广东省委十二届十次全会提出，高质量加快构建“一核一带一区”区域发展格局。

“广东区域协调发展与全国、全球息息相关。”国家发展改革委区域发展战略研究中心区域战略一室负责人张燕表示，广东构建区域发展格局，宜打通省内、港澳、全国、全球“四个经济循环”，畅通创新链、产业链、政策链。

广东区域协调发展趋好信号明显

南方日报：广东“加码”推动区域协调发展，你怎么看待这个时机？

张燕：2020年来，“双循环”新发展格局成为我国一项重要的长期战略。其“推动以国内大循环为主体、国内国际双循环相互促进”的内涵，可看作是对区域发展的新要求。

习近平总书记近日在安徽考察期间专门召开长三角一体化座谈会，要求扎实推进长三角一体化发展，率先形成新发展格局，进一步体现了区域协调在“双循环”中的重要性。

广东近两年通过推进“一核一带一区”建设，“核”“带”“区”的比较优势均逐渐得到发挥，区域发展联动性增强，格局渐次成形，应当积极主动探索形成新发展格局的路径。

目前，广东有不少区域协调发展趋好的信号。比如深圳和汕头合作、广州和清远合作取得积极成果，城市互融在深化、特色在彰显。

南方日报：区域发展不平衡不充分确是“老大难”问题。

张燕：一方面，看待区域发展不平衡不充分，不能只看经济规模、

■张燕

发展水平、经济增速等的差距。应该看到，其本质是创新能力、发展环境甚至交通通达性等各方面的不协调、不充分。广东在“一核一带一区”主体框架下，可更加关注完善区域政策体系，做好创新链延伸、产业链合作、价值链协同，以此开创广东区域协调发展的新局面新境界。

另一方面，广东区域协调发展在全国具有典型性，既有发达地区也有欠发达地区，城镇化、生态和农业等不同主体功能区并存，呈现丰富多样的梯度层次。广东的新招数，从全国范围看都具有代表性、示范性。

加强对区域政策的统筹考虑

南方日报：新形势下，广东应如何构建区域发展格局？

张燕：做好粤港澳大湾区建设、深圳建设中国特色社会主义先行示范区“双区”驱动，发挥综合优势，打通“四个经济循环”。

第一个循环，是广东省跟全世界发展的经济大循环，广东要着眼顺应全球发展大势，汇聚世界发展要素，更好地参与全球经济的竞争与合作。

第二个循环，是广东跟港澳的经济循环，粤港澳大湾区建设将充分激发广东和港澳的各自优势，要把粤港澳大湾区的经济互动做足做好。

第三个循环，是广东省内的经济循环，要落实主体功能区战略，发挥比较优势，宜工则工、宜商则商、宜农则农、宜山则山、宜水则水，促进实现广东省内部发达地区和欠发达地区、不同城市之间、不同功能平台之间的梯级联动。

第四个循环，是广东面向国内的经济循环，广东与长三角、京津冀及全国其他地区之间要增强合作互动，实现与国内其他地区资源要素的有序交换与高效配置。

南方日报：为什么要站在更广的角度看待广东的区域发展？

张燕：广东经济发达，区域发展与全国、全球息息相关。通过上述“四个经济循环”畅通创新链、产业链、政策链，促进实现更高战略视角、更大区域范围和更远发展目标的经济大循环，才能更好地提高发展要素的配置效率。

比如最重要的科技创新，京津冀、长三角、粤港澳大湾区都在布局综合性科技中心，这些中心不应孤立，而应实现全国创新网络融为一体。“北京研发、广东转化”的实验室合作模式，同样可以提升广东科技主动权。

当然，在新的更高水平的再工业化过程中，处于不同发展水平的区域、城市之间，既要垂直分工，也要水平分工，力求避免过去的“马太效应”，欠发达地区不仅要彰显特色，还得确实实现经济创新增长。

南方日报：首要工作是什么？

张燕：布局有了，还得有顶层设计框架，建议广东加强对区域政策的统筹考虑，更好协调利益分配机制，想到新方法、新模式。比如实现差异化考核，各个地区重点发展什么，就按什么指标来考核，以此减少要素流动的壁垒。又如在财政、科技、产业、投资等政策安排上，体现“一核一带一区”差异性导向，出台一套相适应的新政策、新机制、新规划。

增强区域发展对外部变化适应能力

南方日报：广东外向型经济的传统优势，还能发挥何种作用？

张燕：在增强区域发展对外部形势变化的适应能力方面，广东外向型经济反应灵敏，作用突出。

当今世界，新科技革命、产业变革、更多新的应用场景相互影响、叠加推进，市场规则加速变革重塑，固态世界更加被赋予流动特性，知识、技术、管理、数据等新生产要素日益成为区域竞争的焦点热点。从全国看，区域发展从简单“路径依赖”走向通过“延续、破坏与创新重塑”形成的新体系中。

一方面，要素向中心集聚和向外围扩散同为趋势，区域发展由单极化向多极化、扁平化深度演化，城乡区域之间正从简单供求关系向价值链分工协作关系转变。

另一方面，园区经济、集聚经济正向创新生态经济演化升级，区域竞争不再限于规模和速度上的你追我赶，更是创新能力、增长质量、特色功能和发展环境之间的较量。

广东作为我国改革开放的窗口和门户，会在第一时间感受到世界的变化。因此，提高广东全省以及内部不同区域对外部环境变化的适应能力，将助力广东区域发展更顺利、更有示范意义。

// 刘培林 //

广东自贸区在对外开放中应发挥引领作用

■刘培林

在国际经济格局发生深刻变革，中国推动“双循环”新发展格局的当下，广东如何参与和推动构建“双循环”新发展格局？如何提升开放型经济水平，释放可持续发展的动力？

2020年9月24日，国务院发展研究中心研究员刘培林博士接受南方日报记者专访，围绕上述问题开展分析，并提出有针对性的对策建议。

趋势：经济长期向好的趋势不会改变

南方日报：目前中国面临的挑战，最显著特征不只是需求受到冲击，同时叠加了发达国家高技术出口限制骤然严格。这对中国经济会带来怎样的影响？

刘培林：对华科技限制大幅收紧或者脱钩压力明显增加，地缘政治风险大幅升温，等等，这些目前我国面临的挑战都是需要关注的风险。只要我国继续通过深化改革不断促进国内生产率增长，进一步完善社会保障体系，并继续扩大开放，以加强和全球经济的深度融合、吸引外商投资、培育国内竞争力，那么我国经济长期向好的趋势应该不会改变。通过在国内大循环中自力更生、加大自主研发力度，着力提高产业链韧性之外，力保内外产业链相互衔接，能有效应对目前挑战。

南方日报：现阶段来看，如何才能赢得全球技术网络中尽可能多的伙伴的信任，并实现顺畅合作呢？

刘培林：我国眼下就需要确立和阐明基于技术能力均势的技术安全观，即表明自己不会凭借新型举国体制追求在所有技术谱系上占据全球前沿，并以此推动形成大国之间基于技术能力均势的技术和产业安全格局。当然，这并不意味着我国彻底放弃这些领域的技术。我国在这些领域可储备和积累低于前沿技术的能力。

对我国而言，形成这样的技术和产业安全格局，才有可能使得眼下已经遭遇到的技术封锁力度不会进一步加大，并争取在未来逐步缓解，产业断链的风险才能逐步消除。

产业：聚焦战略性产业构筑更专业的技术优势

南方日报：珠三角的产业链、供应链早已深度“嵌入”全球化。如果外部市场、外部投资对中国经济增长的贡献可能下降，地处改革开放前沿的广东可以在哪些方面发挥作用？

刘培林：美欧生产网络进一步收缩产业链和供应链，在推动再工业化战略的同时，加快与他国科技脱钩、产业脱钩的步伐，带来了一定挑战，但也将带动国内增加相关投资。

同时要看到，我国已进入高质量发展阶段，人均国内生产总值达到1万美元，城镇化率超过60％，中等收入群体超过4亿人。我们要构筑扩大内需的体制机制，创造有利于创新的发展环境，促进产业链、供应链、创新链与全球高端水平对接，提升生产、分配、流通、消费的循环效率和便利化水平；将内需作为拉动经济增长最重要的引擎。这需要继续通过深化改革提升整体经济的市场化水平、提高生产率、加强对民营企业的保护，并进一步完善社会保障体系以提振消费。

广东一直走在全国科技创新的前列。比如正在推进广深港澳科技创新走廊建设，创新驱动已成为高质量发展的动力源。那么，促进产业链、供应链、创新链与全球高端水平对接，面对外部市场聚焦对广东经济有重大影响、技术深度高、产业链长的战略性产业，构筑更加专业化的技术优势；提高关键技术和重要产业链的可替代性和抗冲击韧性。同时要实行更高水平的对外开放，能适应不同国家、地区的市场变化，能适应开放程度的周期性变化，基于制度和规则，能够维护和引领全球化长期发展。

南方日报：要在国内大循环畅通条件下不断深化分工体系，实现科技创新与技术进步，从根本上解决低水平技术锁定和核心技术“卡脖子”问题。你对广东有哪些建议？

刘培林：我们的短板是基础科学研究成果储备有限，以及基础科学研究的能力体系明显薄弱。

人才建设是城市发展的根本举措。我们首先应做的是面向全球吸引人才来广东，在体制机制的创新上强化对世界级人才的吸引力。

国际一线城市的竞争，主要围绕人才展开，而人才竞争主要涉及基础科学领域的全球领军人才、战略性科学家、具有引领全球趋势能力的企业家。

城市与人才是相得益彰、互相成就的关系。广东要继续在世界范围内集聚全球科技创新人才和要素。这需要市场和企业发挥作用，更需要政府发挥引导性作用，形成长效的基础性制度，鼓励创新和试错，使得人才仅须关注创新创业活动本身成败而无须担心其他方面，尊重创新创业活动对整个社会知识体系的贡献。

探索，广东自贸区大胆探索打造更优营商环境

南方日报：双循环新发展格局要求在开放中更好地利用“两个市场、两种资源”。在你看来，广东自贸区如何有更大作为？

刘培林：要提高关键技术和重要产业链的可替代性和抗冲击韧性，意味着要实行更高水平的对外开放，以能适应不同国家、地区的市场变化，能适应开放程度的周期性变化。

广东自贸区组团囊括广州、深圳两座一线城市，深圳、珠海两大经济特区，还充分兼顾了珠江口两岸的协调发展，在全国自贸区中拥有独特优势。同时，改革开放以来，市场经济多年繁荣，广东这片热土本身就是贸易高度自由的区域。

推动更高水平的开放，广东自贸区可以大胆探索，争取国际博弈的主动权，在全球化的理念和规则制定上起到引领带动作用。

比如，打造更优的营商环境，大力减少市场壁垒，以公平竞争、共同利益和共享价值观来凝聚自由贸易的同盟军，确保自身供应链、产业链、资金链安全；促进区域内资金、人才、产权、技术等生产要素的自由流动。

// 黄汉权 //

发挥广东数字经济优势，推动产业加速升级

“广东经济实力雄厚，地区生产总值全国第一，有完善的产业配套体系和产业链，与市场经济接轨充分，有利于经济实现高质量发展，同时常住人口全国最多，消费能力强，可以形成强大消费市场。”国家发展改革委价格成本调查中心主任、研究员黄汉权在接受南方日报记者专访时表示。

黄汉权认为，广东在数字经济等领域优势明显，应借此着力推动传统制造业数字化改造和智能化转型，使传统制造业向数字化、智能化、高端化、服务化、绿色化方向发展，推动广东经济在高质量发展的轨道上行稳致远。

■黄汉权

复工复产，下半年产业恢复势头将延续

南方日报：上半年，广东规模以上工业企业完成增加值1.39万亿元，同比下降6.4%，降幅比第一季度收窄8.7个百分点。从行业看，与第一季度相比，广东全省36个行业增速提升或降幅收窄，回升面90%。您认为，应如何看待广东上半年推进复工复产的成效？

黄汉权：和其他沿海省份相比，广东的外贸依存度更高，近两年来，特别是2020年新冠肺炎疫情暴发以来，很多企业面临部分订单取消或推迟、上下游产业链衔接不畅等难题。正是在这样的背景下，广东多措并举打通产业链，规模以上工业企业完成增加值1.39万亿元，降幅比第一季度收窄8.7个百分点，显示复工复产成效显著，主要经济指标的降幅明显收窄，呈现逐渐向好趋势。作为我国进出口第一的外贸大省，在国内国外疫情双重冲击下，广东能够实现这样的经济恢复态势值得肯定。

南方日报：2020年6月，广东规模以上工业增加值同比增长3.9%。广东全省40个行业大类中有17个行业增加值同比增长，其中，计算机、通信和其他电子设备制造业增长14.6%，汽车制造业增长10%。您认为，这种复苏态势会否延续，下半年政府应该采取怎样的政策稳定产业链？

黄汉权：这种势头会保持下去，2020年第三、第四季度的经济表现会更好。原因是广东上半年生产恢复快于消费，目前国内复工复产的堵点痛点基本打通，随着为防控疫情而实施的对消费形成抑制的措施逐步放宽，下半年的社会消费将持续恢复，这些都有利于推动广东工业继续复苏，并回归到常态化发展水平。

接下来，如何推动政策更好地落地见效，更好地惠企利民至关重要。首先，要帮助企业活下去。受疫情影响，很多民营企业特别是中小微企业比较困难，广东已经出台很多为企业纾困的政策并发挥了重要作用，下半年应进一步推动政策落地，更好地保企业、保市场主体，留得青山在，不怕没柴烧。其次，要帮助企业加快转型升级。一方面，数字经济的新业态、新模式，市场需求增长很快，要支持和引导传统企业适应新经济的发展方向和市场需求的变化，积极主动进行调整升级。

另一方面，要加大对企业技术创新的支持力度。只有企业拥有核心技术才能在更加激烈的竞争中立于不败之地。要利用疫情对企业转型升级的倒逼机制，鼓励企业加大科技研发投入，聚焦“卡脖子”技术以及产业链风险环节，坚持“底线思维”，积极推进固链、补链、强链，确保我国产业链、供应链安全。

扩大需求，针对不同消费群体精准施策

南方日报：国内经济良性循环需要生产、流通、消费等各环节有效衔接畅通，你认为接下来应如何进一步扩大国内市场的消费需求？

黄汉权：目前我国总体消费水平还不够高，距离人民群众对美好生活的需求还有很大的差距。广东等地政府在消费方面出台了很多支持政策，比如发放优惠券、加大政府采购等，支撑消费水平逐步恢复。

下半年，应通过政策发力推动居民实际收入实现正增长，努力实现与GDP保持同步增长，推动扩大内需，让广东在构建“以国内大循环为主体、国内国际双循环相互促进的新发展格局”中发挥更大作用。

从长远看，扩大消费需求最根本的手段还是提高居民收入水平，在这个过程中要注意调整完善收入分配结构，不断提高中低收入群体的收入，扩大中等收入群体的数量。

南方日报：您认为，应该如何挖掘国内消费市场的发展潜力，促进社会经济循环？

黄汉权：在2020年外部环境复杂严峻，外贸出口面临很大不确定性不稳定性的情况下，很多外贸企业必须进行业务转型，主动开拓国内市场。

国内消费需求在升级，企业的供给质量也要跟上来，才能跟上市场的拍子。过去很多企业的生产集中在中低端，这种局面已难以为继，要通过采用世界先进技术来改造传统工艺设备和低端材料，实现产品的迭代和质量提升，以更高质量和更加精致的产品来满足市场需求。要看到，国内需求还有很大空间，14亿人的消费潜力还没有充分挖掘。

国内消费市场具有非常大的兼容性，各种产品都有庞大的需求人群。在中低端市场，2020年完成脱贫攻坚任务后，仍有很多居民收入处于较低水平，吃穿用住行的日常消费提升还有很大空间。在中高端市场，中等收入群体面临消费升级，对更高质量产品和服务的需求空间也很大。应该针对不同人群消费需求的痛点、难点、堵点、卡点，打通制约居民消费的“最后一公里”，形成良性的、可持续的消费增长，培育强大的国内市场。

产业升级，推动传统产业实现“三个融合”

南方日报：上半年，以5G、4K为代表的数字经济新基建带动电信广播电视和卫星传输服务投资增长18.6%。信息消费保持较快增速，上半年广东全省电信业务量同比增长24.7%。广东发展数字经济有哪些优势，这对上半年经济回暖起到哪些作用？

黄汉权：近年来，数字经济在对冲传统产业发展动能减弱和经济下行压力方面起到重要的支撑作用。

在数字经济方面，广东优势明显：与数字经济相关的制造业基础雄厚；与信息通信相关的人才丰富，特别是华为、中兴等企业聚集众多中高层次人才；数字经济的基础设施非常好，通信类硬件在全国领先；科研力量强大，拥有一大批实力较强的研发机构，包括科研院所、企业研发部门、新型科研机构等；广东资金链充裕，金融资源丰富，特别是有很多支撑数字经济发展的投资基金。这些都为广东数字经济发展奠定了很好基础。

南方日报：2020年上半年，广东工业战略性新兴产业（含研发）占

新经济增加值比重为36.2%，同比增长1.3%。战略性新兴产业对于广东全省产业结构优化、新动能增长起到了怎样的作用，下半年应该如何进一步推动产业升级？

黄汉权：近年来，第一、第二、第三产业都在大量应用高新技术，但工业始终是转型升级的重点，是技术创新的主战场。广东正在培育发展十大战略性支柱产业集群和十大战略性新兴产业集群，如果能得到落实，将对整个广东的产业转型升级起到很好的支撑和推动作用。

广东是工业大省，但工业总体上还是传统产业占主体。这要求必须重视应用新技术、新业态、新模式来改造传统产业，推动实现三个融合：信息技术和制造技术的融合、数字技术与制造技术的融合、制造业与服务业的融合，从而推动传统制造业数字化改造和智能化转型，使传统制造业向数字化、智能化、高端化、服务化、绿色化方向发展，实现广东现代产业体系的升级再造。

// 连平 //

保持流动性合理充裕有助于中小微企业纾困

■连平

2020年4月20日，贷款市场报价利率（LPR）在改革后，迎来了第九次报价，1年期和5年期以上LPR“双降”，分别下降20个基点和10个基点。这也是自2019年8月改革以来最大单次降幅。

自疫情发生以来，为对冲疫情对经济造成的巨大冲击，央行进一步加大货币政策逆周期调节力度，降息进程明显加快，而在2020年4月17日召开的中央政治局会议罕有地明确提出“降息+降准”的货币政策组合。在常态化疫情防控中全面推进复工复产达产，货币政策应该如何走向？中国应该如何通过货币政策纾困中小企业，夺取疫情防控和经济社会发展双胜利？对此，南方日报专访中国首席经济学家论坛理事长、植信投资首席经济学家连平，探讨在不确定时期中国货币政策的应对。

谈宏观经济：判断国际金融危机风险已过为时尚早

南方日报：2020年以来随着疫情的不断扩散，海外资本市场也出现了大震荡。在全球经济的低迷时期，是否会出现衰退和金融危机争议颇大，你如何看待这个问题？

连平：鉴于疫情带来需求和生产严重收缩，发生全球性衰退的可能性是存在的，发达国家经济体陷入整体性衰退的可能性更大。发展中国家经济体因为有中国等国家保持正增长，可能还不至于陷入整体性的负增长。

不应把衰退等同于危机，经济运行出现负增长即为衰退，但危机则是一场对经济体造成严重损害的经济风暴。金融危机的特征是流动性迅速收缩、金融市场剧烈下挫，大批金融机构倒闭，尤其是出现系统性重要金融机构的倒闭，对金融体系造成非常严重的冲击。如1997年的亚洲金融危机和2008年的全球金融危机。

但目前情况与2008年有明显的不同。2008年前，美联储持续几年大幅度收紧货币政策，导致市场的流动性越来越紧，利率水平不断地增高，持续增大市场压力，最终导致系统性重要金融机构资金链断裂，金融风暴席卷全球。如今全球流动性十分宽松，不太容易出现短期的流动性枯竭。但需要密切加以关注的是，欧盟国家的经济衰退是否会引发部分国家的主权债务危机以及美国以资本市场为主的金融体系出现剧烈调整的可能性。

一个时期以来，中南欧国家曾经发生了一系列的主权债务危机，近年来才稍有平息，但问题并没有根本解决。一些国家政府仍然背负着沉重外债包袱。疫情暴发后，有些国家财政开支大幅增加，而财政收入却大幅减少，财政赤字迅速扩大，还本付息能力受到制约。一度平息的主权债务危机可能又会在中南欧国家卷土重来，需要引起必要的关注。

在疫情扩散的同时，全球金融市场出现了罕见的震荡。到目前为止，美国股市已四次熔断，跌幅最大时减少了大约1/3的市值，差不多损失了24万亿美元，超过一年的美国GDP规模；之后又引起了世界股市的震荡，以及许多发展中国家和转型国家货币的大幅贬值，股市汇市剧烈波动。

这种状况是不是国际金融危机？对此存在着不同的观点。我认为国际金融危机主要有三个特征：一是国际金融市场，包括股市、汇市、债市的剧烈震荡；二是系统性重要金融机构的倒闭，比如2008年雷曼兄弟的倒闭，使得一系列债务链断裂；三是流动性的瞬间枯竭、金融活动基本停止、市场利率骤然攀升。

从上述三个维度综合来看，可能目前的情况并不完全吻合。考虑到全球股市正经历着前所未有的震荡，接下来有可能出现一批在经营管理上相对激进、杠杆水平很高和资产期限错配严重的金融机构倒闭的情形。在流动性方面，由于货币政策从2019年就开始降息，流动性比较宽松，最近美联储救市政策力度又非常大，即使是有一部分金融机构倒闭，短期内也不见得会出现流动性的迅速枯竭。但流动性不枯竭并不等于金融就没有陷入危机，还要关注和分析其他两个方面。近期欧美股市损失较为严重，历史罕见，一定会有很多后遗症逐渐显现出来。因此我认为目前世界经济衰退已经不可避免，国际金融危机的阴霾依然存在。

谈货币政策：当前货币政策组合是“宽总量+重结构+降价格”

南方日报：在严峻的外部环境下，我国在统筹推进疫情防控和经济社会发展工作，在常态化疫情防控中全面推进复工复产达产，在这样的背景下货币政策应该是怎样的走向？

连平：疫情和油价暴跌两只“黑天鹅”对世界经济的冲击很大，对中国经济的影响也在进一步显现。对于中国的货币政策而言，多次的高层重要会议已经定调，要求更加灵活适度，其实质是进一步加大力度实施逆周期调节，应对经济下行的压力及外部的严峻挑战。

目前，我国的宽松货币政策组合就是“宽总量+重结构+降价格”。

总量目标是流动性保持较为充裕的状态。

在结构方面，2020年以来，央行运用定向定准、再贷款、再贴现等工具，向金融机构投放了2.75万亿元低成本资金，并引导这些资金流向中小微民营企业，未来可能有机会进一步实施这类结构性的操作。通过推动中小银行加大对中小微民营企业的金融支持，精准地对经济运行中的薄弱环节提供及时帮助。

在价格方面，2020年初以来，货币市场政策工具利率和贷款市场报价利率均有不同程度的下降。进一步降息是毫无疑义的，降低融资成本，支持实体经济是重要的政策目标。第二季度之后市场环境变化将有助于货币市场和信贷市场利率调降。下一步可能会有一系列降息动作，包括通过每个月20日的LPR报价来促使信贷市场利率水平逐步下降。

总体来说，未来结构和价格是政策更多地考量的内容，下一步应该会看到相对较频繁的政策操作。流动性不保持一个较为充裕的局面，要推动市场利率水平下降是比较困难的，需要量和价的配合。因此，必要时存款准备金率仍有可能进一步下调。

南方日报：你曾撰文指出当前降低存款基准利率时机不妥，请问这是出于怎样的考量？

连平：我认为当下下调存款基准利率需要谨慎。中国的金融体系是以间接金融为主的体系，在未来一段时间银行信贷在推动经济增长过程中将继续发挥主导作用，这种情况在未来5年甚至更长时间恐怕还难以改变。经济增长需要充裕的存款，才有助于银行发挥信贷投放能力。但最近5年存款的增速始终低于贷款增速4—5个百分点，这就导致银行间存款竞争激烈，推高了银行的运行成本。

银行的负债端成本推高后，资产端的定价要持续下降就会比较困难。因此，降低存款基准利率将带来更大的存款增长压力，不利于贷款利率的进一步下调。

政策的目标是希望中小银行对中小微企业的贷款定价降下来。但现实是负债端成本上升阻碍了中小银行贷款利率的下降。

从中国的实际情况看，存款基准利率下调仍需要谨慎。除了上述理由外，还要考虑到CPI（居民消费价格指数）和人民币汇率。至少在当前CPI依然高企，负利率处在较高水平的阶段，存款基准利率不太适合下调。在人民币有明显贬值压力时降低存款基准利率会增大这种压力。

因此应该更多地考虑运用货币政策的其他工具来加以应对，副作用会更小。如可以进一步下调存款准备金率，对商业银行来说可用资金增加了，也有助于降低资金成本。待CPI明显下行，人民币汇率贬值压力减轻后，存款基准利率适当下调的窗口就会打开。但考虑到中国经济的增长速度和已经较低的存款基准利率，即使下调，空间也较为有限。

谈金融支持中小企业：当前中小企业“命门”是流动性

南方日报：推动中小企业复工复产，是促进经济回归常态的重要支撑，是稳就业、保民生的重要保障。但中小企业融资难是老大难问题，对此银行体系应进行怎样的针对性调整？

连平：从长期来看，需要金融体系更多地通过结构性改革，使得金融体系与中小企业的融资需求更好地匹配，也就是要使供给与需求“门当户对”，更多的小型金融机构主要是小型商业银行持续为中小微民营企业提供融资，形成比较稳定的针对性金融体系。

构建这样的银行体系需要有两大支撑。一是财政体系的支撑。小型金融机构为小微企业提供比较优惠的信贷，小微企业相对较为薄弱，小型金融机构的风险较大，需要财政政策给予帮助，如贴息及用财政资金来降低不良资产的比例，促使小型金融机构持续稳定地为中小企业提供金融服务。二是政策性金融体系的支撑。通过政策性金融体系支持小型金融机构来保障中小企业的融资。通过上述两方面的支撑体系，构成一个整体的支持中小微企业的立体型金融体系，这是未来中国金融体系需要推进的重大改革。

疫情冲击之下，中小微企业受影响的程度较重，保持中小微企业的流动性是政策重点，关键是要让这些企业“活着”度过危机，纾困是当前的首要任务。对于中小微企业而言，疫情期间其收入大幅减少，甚至归零，但很多支出却是刚性的，如工资、税费、租金、养老金、社保等开支难以避免。由流动性短缺造成的中小微企业困难是当前经济运行中的重要薄弱环节，需以针对性的财政政策和货币政策来加以解决。

因此金融机构要发挥积极作用，不仅要做到不压贷、不抽贷、不断贷，而且对一些有重要市场需求的生产和服务企业甚至应该增发贷款。同时，银行可以适当提升其风险偏好，以更大力度支持受困企业。对民营和小微企业，在扩大新发放贷款规模的同时，还可以允许企业延期偿还贷款，甚至一定程度上豁免债务。商业银行还应有的放矢地支持对产业链有很大影响力的大型企业集团，给相应供应链上的中小企业带来实在的流动性供给。

全面或结构性降准以保持流动性合理充裕，搭配货币市场政策工具的使用，在疫情冲击下形成逆周期宽松货币环境，其意义首先在于防范金融风险。当前全球疫情肆虐下，守住不发生系统性金融风险是当务之急。其次保持流动性合理充裕就有助于纾困中小微企业。中小微企业背后是就业，保中小微企业很大程度上就是稳就业，而当前中小企业“命门”是流动性。目前看来，在政策加大力度保企业稳就业的应对下，中国经济能够于近期逐步恢复起来，等到全球疫情进入拐点和需求回暖，我国经济将快速地回归到正常轨道。

谈房产投资：大规模政策宽松不会出现，房价波动基本可控

南方日报：全球进入货币宽松时代，中国货币政策的操作空间将会变得更大，那么在此大背景和预期下，对于投资者关心的房价问题，你如何预判？

连平：目前我国货币政策总体是向宽松方向调整，这是毋庸置疑的。但在我国的杠杆水平和负债水平较高的情况下，如同2009年那样通过货币政策大规模地向市场投放流动性的可能性基本不存在。既然不会出现大规模宽松的状态，就不会对房地产市场带来大的价格推升压力。再从商业银行体系来看，整个行业的存贷比已经偏高，存款的增长速度相对较慢，也不存在超出负债能力的大规模信贷投放的可能性。

疫情冲击下经济体需求不足，保持相对偏松的流动性和相对较低的利率水平的货币环境，对于房地产市场来说是有好处的。富裕的流动性支撑着房地产市场平稳运行，定向政策有助于通过金融体系在房地产企业出现流动性困难时给予支持。有关监管部门还可以采取调节手段和政策来稳定市场。

// 王珺 //

“一核一带一区”关键要实现一体化发展

“在‘双循环’背景下，‘一核一带一区’发展关键要解决区域联动问题，推动广东全省一体化发展。”广东省政府参事、省政协经济委员会主任王珺教授表示。

2018年6月召开的广东省委十二届四次全会作出构建“一核一带一区”区域发展格局重大部署，时隔两年，广东省委十二届十次全会再次对这一重大战略进行专题研究部署。

王珺认为，广东要以“一核一带一区”战略为抓手，推动广东全省一体化发展，培植新的竞争优势，参与和助推构建“双循环”新发展格局。

“一核一带一区”是参与“双循环”的战略抓手

■王珺

南方日报：2020年以来，中央多次提出，要推动以国内大循环为主体、国内国际双循环相互促进的新发展格局。我们该怎样理解“双循环”？

王珺：“双循环”是在受疫情冲击、中美关系紧张的背景下提出的，很多人会把它当作应对当前问题的方法策略，实际上，“双循环”不是一个权宜之计，而是一项长期战略。

从20世纪80年代开始，我国经济以出口为导向，通过国际市场带动国内经济循环，加速工业化。到现在，我们的收入水平大幅提高，但供给跟不上，以国内大循环为主体的战略转变可以说是水到渠成。

南方日报：广东省委十二届十次全会专题研究部署“一核一带一区”，是否和“双循环”有关？

王珺：我刚刚分析了，“双循环”是我国的一项重大长期战略，广东必须思考在这个战略中处于什么地位、扮演何种角色，我想这次全会就是要解决这个问题。那么，广东该如何参与构建“双循环”新发展格局呢？我想核心策略是以确定性应对不确定性，就是首先做好自己的事情，关键抓手就是高质量加快构建“一核一带一区”区域发展格局。

广东在“双循环”中可发挥引领作用

南方日报：有一种观点认为，广东在这一轮“以国内大循环为主体”的“双循环”战略调整中，面临很大压力，您怎么看？

王珺：在“双循环”新发展格局中，广东经济虽然短期内会面临转型带来的阵痛，但广东市场相对成熟、产业基础好、企业竞争力强，能在新发展格局中充分发挥自身优势。

我认为，广东在“双循环”中可以发挥两个重要作用：第一是引领作用。2019年，广东人均生产值为94172元，比全国平均水平高出三分之一。收入较高的地区，消费能力强，是企业和商家必争之地。第二是探路作用。“双循环”关键是建立一个统一的国内市场，这要求营商环境一体化。以广深为代表的城市，在建设国际一流营商环境方面做了很多探索，这些经验可复制推广至其他城市。

南方日报：广东应如何发挥好这两大作用？

王珺：我觉得要充分用好“三个条件”。首先，以“一核一带一区”为抓手，从差异化入手，以协同化为取向，推动区域之间联动发展，力争在新发展格局中走在前列。其次，以有效投资加快基建与新基建，特别是加快产业互联网建设，从5G应用入手，推动广东从消费互联网转向工业互联网，把产业互联网作为数字化转型的重点领域。第三，以深化改革为动力，持续优化营商环境。广东要全面实施市场准入负面清单制度，打破产品与要素跨境、跨域流动的障碍；在注重发挥“链主”企业作用的同时，防止其垄断行为以及对中小企业的不公平交易；在消除数据与信息孤岛现象的同时，注重数据安全建设。

广东一体化发展要解决三个核心问题

南方日报：当前推进“一核一带一区”发展重点在哪？

王珺：我认为，区域一体化目标就是要解决连通畅通问题，要解决人员、资本、技术和信息等要素和产品跨地区的流动问题。“双循环”可以理解为要解决全国一体化发展的问题。长三角一体化发展2019年上升为国家战略，已走在了全国前面，三省一市都能协调起来，广东一个省没有理由协调不好。

广东为什么要提“一核一带一区”，这是从区域差异化入手，寻求区域联动发展。“一核一带一区”是根据资源禀赋、产业基础、发展水平，把珠三角和粤东西北的二元格局，变成了一核、一带和一区的三元格局。

广东要在国内大循环中驶上快车道，就要以“一核一带一区”为抓手，关键要解决三个核心问题：区域产业协同化、营商环境一体化、基本公共服务均等化。

首先，一体化发展，区域产业协同很关键。发展到现在阶段，很多产业布局是跨城市的，比如华为总部在深圳，终端总部设在东莞。所以，各个城市在进行产业规划和项目引进时，就要站在广东全省甚至全国的高度来统筹考虑。

其次，对于营商环境，我觉得各个城市营商环境政策最好一体化，如果每个城市都有一套招商政策，外企到广东后很难全部搞得清楚，不利于广东整体发展。

第三是基本公共服务均等化。广东区域发展存在较大差异，这是一个客观现实，我们短期内无法扭转，但是在基本公共服务方面，我们可以充分发挥财政转移支付手段，促使其在广东全省范围内实现均等化。广东省政府出台了《广东省基本公共服务均等化规划纲要（2009—2020年）》，我们要在已有基础上继续做实做好各项工作。

区域竞争应在配套和服务上下功夫

南方日报：是否可以理解为，当前区域发展的内在逻辑发生了改变，从激励各市发展到注重协同发展，地方主官应该如何适应调整？

王珺：是的。广东接下来的发展关键要解决联动问题，不能各自为政，这对我们现有的官员激励考核机制是一个冲击。

我觉得一体化发展的重要意义是在于协同，但是协同又不能强制，是从差异化入手，然后以协同为取向。以前，各地的营商环境一直在竞争，这对于促进各地区的发展是有好处的。接下来，应该慢慢走向营商环境趋同甚至一体化，比如说自贸区营商环境在广东全省推广。

区域一体化主要是在政策上一体化，但是区域之间的差异是存在的，那可以在哪些方面形成吸引力呢？比如说产业基础、公共环境。所以，不是没有竞争了，而是竞争领域发生了变化，这对我们的官员是一个重大考验。

// 陈鸿宇 //

告别“乱散小低”，粤工业园区高质量发展开新局

■陈鸿宇

2020年7月，广东印发实施《关于推动工业园区高质量发展的实施方案》（下称《实施方案》），从5个方面提出16项举措推动工业园区高质量发展，力争到2022年，打造20个以上产值超千亿元工业园区。

工业园区是广东制造业高质量发展的重要载体，《实施方案》的出台引起广泛关注。广东省委党校原副校长、教授陈鸿宇认为，在疫情防控常态化背景下，《实施方案》以“提质增效”为发展主线，聚焦广东部分工业园区存在的“乱散小低”问题精准施策，抓住了制造业高质量发展的关键，有助于广东夺取疫情防控和经济社会发展的“双胜利”。

聚焦“乱散小低”，为工业园区高质量发展精准施策

南方日报：工业园区是广东制造业高质量发展的主战场，您对《实施方案》总体评价是怎样的？

陈鸿宇：《实施方案》的时效性、针对性都比较强。重视制造业高质量发展，是广东所采取的一项重要的战略部署，此前已印发《关于

推动制造业高质量发展的意见》，并已召开广东全省制造业高质量发展大会。

工业园区是制造业高质量发展的重要载体，广东出台的《实施方案》内容精准，抓住了制造业高质量发展的关键，从工业园区切入，可以把政府的行政资源、研发创新资源、对外开放资源等，更加集聚于工业园区，起到事半功倍的作用。

另一方面，《实施方案》的印发时机非常及时，特别是在当前疫情防控转向常态化的背景下，广东通过抓工业园区的高质量发展，在危机中育新局。如果工业园区内的企业都能够复工复产，达到原有生产供给水平，可以带动整个产业链的发展，有助于夺取疫情防控和经济社会发展的“双胜利”。

南方日报：在您看来，广东工业园区发展存在哪些不足？《实施方案》是否切中工业园区发展中的痛点？

陈鸿宇：改革开放40多年来，广东工业园区经历了从无到有、从小到大、从弱到强的发展过程，对广东产业体系的构筑和走向现代化，起到了很好的支撑作用，但是在一定时期和空间内，也呈现出一些“乱散小低”等问题。

具体而言，“乱”表现在部分园区的区域功能分工不明显，一哄而上围绕热门产业发展，造成不必要的资源浪费和无序竞争；“散”主要表现在部分园区没有形成主导产业，布局分散，园区内企业没有形成产业链；“小”是由于各级政府都要做园区，一些园区规模小，无法做到标准化建设，配套跟不上制约自身发展；“低”是指部分园区发展水平发展和质量偏低，创新力量不足，管理水平参差不齐。

这些问题是在工业园区成长过程中产生的，也成了制约高质量发展的瓶颈。《实施方案》有的放矢地针对上述4个问题提出了16项具体举措，同时明确发展目标和主体责任。总之，有目标、有路径、可检查、可考核，《实施方案》切实可行。

围绕“提质增效”，抓住工业园区高质量发展“牛鼻子”

南方日报：从内容来看，《实施方案》如何体现推动广东工业园区高质量发展的价值观和方法论？

陈鸿宇：广东推动工业园区高质量发展，主要围绕一条主线——“提质增效”，贯穿于广东全省工业园区的空间布局、资源配置、产业选择、企业创新等诸多方面。

“提质增效”，就要提高工业园区的发展质量和效率，这也就意味着，工业园区的发展模式，需要从追求经济总量指标的“规模速度型”，向追求发展效益的“质量效率型”转变。所以《实施方案》16项举措，都是围绕解决影响园区“提质增效”的突出问题制定，并作为工作任务加以部署。

首先，对工业园区的考核，现在更强调“亩产效益”，更关注单位工业用地面积所产生的效益，而非只问产出不问投入、不计成本，这些高质量发展的价值导向，在《实施方案》中都有重点体现。

同时，《实施方案》抓住了“乱散小低”这些制约因素，来对症下药，这就抓住困扰工业园区高质量发展的“牛鼻子”问题。

比如，以前开玩笑说“三根竹竿挂个横幅，就是一个园区”，因为太小不成规模，也就引进不了好项目，反而浪费了大量宝贵的土地资源。

鉴于此，《实施方案》提出要优化工业园区发展空间，建立健全工业园区动态管理机制，推进工业园区空间整合优化，打好村镇工业集聚区升级改造攻坚战，希望各地能够真抓实干去落实，真刀真枪地打下这场硬仗。

再比如，一些工业园区配套不足，只有“三通”“四通”就匆匆上马，有时水不够，有时电压不足，或者道路不畅，都会制约园区发展。

对此，《实施方案》明确提出提升园区基础设施建设水平，要求在广东全省工业园区推广“七通一平”，推进产城融合发展，强化园区环保能力建设，从而真正提高工业园区产业承载能力。

支持“飞地园区”，解决工业园区区域布局和发展不平衡问题

南方日报：《实施方案》提出支持提升珠三角核心区工业园区输出品牌、管理、开发、运营能力，在沿海经济带东西两翼和北部生态发展区建设“飞地园区”，对此您作何评价？

陈鸿宇：支持建设“飞地园区”，是从源头上引导，解决广东全省工业园区的区域布局和发展不平衡的问题。

当前，广东以功能区战略定位为引领，加快构建形成由珠三角核心区、沿海经济带、北部生态发展区构成的“一核一带一区”区域发展格局。

工业园区建设，也需要跟广东“一核一带一区”的区域发展格局相协调，所以《实施方案》有针对性从珠三角核心区、沿海经济带东西两翼、北部生态发展区不同的发展基础和资源禀赋出发，提出构建工业园区发展新格局。

珠三角核心区的工业园区，由于开发早、开发强度高，当前的资源环境约束也比较严峻，因此要想实现高质量发展，一方面要抓创新，这是内在动力；另一方面要抓空间拓展，《实施方案》提到，在沿海经济带东西两翼和北部生态发展区建设“飞地园区”，并赋予相应的政策支持，尤其是完善GDP核算、税收分成等制度，形成优势互补、责任共担、利益共享、合作共赢的长效机制。

“飞地园区”不仅是珠三角向东西两翼，向北部生态区输出产业，更为重要的是把珠三角工业园区的先进体制、先进经验，向外复制推广。

在沿海经济带东西两翼，原来的工业园区发展比较松散，没有形成上中下游产业链。《实施方案》强调，要通过一系列园区部署建设，串珠成链，加快构建贯穿粤东粤西的世界级沿海产业带。

在北部生态区，如果还是按照“乱散小低”去发展工业园区，不但由于发展水平低赚不到“金山银山”，而且原有的“绿水青山”也会遭到破坏。所以北部生态区最主要的便是推动企业集中入园，在前期做好产业规划，同时引进珠三角的先进经验和资源，利用好珠三角的帮扶政策，推动工业园区高质量发展。

// 向晓梅 //

力争在5G等战略性新兴产业集群上领跑

随着广东省政府发布战略性产业集群培育意见和行动计划，广东产业集群发展再次提质增效。广东省社会科学院副院长向晓梅接受南方日报专访时表示，在“双循环”新发展格局下，广东应面向全国整合产业链、创新链、供应链，以自主可控的产业链参与国际竞争，最终夯实战略性支柱产业集群基础，引领战略性新兴产业集群突破，重构广东产业体系，继续在全国起到引领作用。

面向全国整合，产业链创新链供应链

南方日报：当前“以国内大循环为主体”的背景下，广东战略性产业集群处在何种位置，发挥何种作用？

向晓梅：从内循环角度看，广东产业发展方向已经从曾经以贸易为主，转变为面向全国整合产业链、创新链、供应链。

南方日报：整合的重点是什么？

■向晓梅

向晓梅：整合的重点是国内一流高校、科研机构、企业的创新技术成果，甚至直接整合原始创新。广州、深圳近年引进了不少高校资源，已经具备一定基础。下一步，应当围绕广东战略性产业集群，利用广东制造能力和转化优势，完成产学研一体化转化，一步一步形成世界级产业集群。

南方日报：整合的切入口在哪里？

向晓梅：从对象看，电子信息产业是广东基础条件较好、产业链条较长的集群，是广东产业基础、转型升级和产业重构的重点之一，目前已经从“一核”向“一带”“一区”辐射，有望引领整合。

从实操看，广东要依托粤港澳大湾区城市群去对接长三角和中部等区域的城市群，走出华南与整个内地城市群形成联动。这样才能更好拓宽要素流动的通道，进而整合高端资源。

以自主可控产业链参与国际竞争

南方日报：“国内国际双循环相互促进”与广东传统外向型经济有何区别，广东战略性产业集群发展有何新路径？

向晓梅：广东要在面向全国整合产业链、创新链、供应链的基础上，以自主可控的产业链参与国际竞争，与国际市场形成大循环体系。同时，广东战略性产业集群也要跟上全球科技革命步伐。通过粤港澳大湾区7000多万人口的消费市场和产业配套能力，以应用需求促进产业化进程，争取在5G等战略性新兴产业集群上实现领跑。

南方日报：这种相互促进将给广东产业带来什么想象空间？

向晓梅：通过“国内国际双循环相互促进”，激活整个国内市场，形成一种升级版国际合作。同时，粤港澳大湾区做好高端人才引进、体制机制创新。广东将成为战略性产业集群的重要承载地、策源地，更好地代表国家参与国际竞争。

南方日报：新兴产业无法重走支柱产业发展的道路，其发展出路在哪里？

向晓梅：战略性新兴产业集群需要依托粤港澳大湾区中心城市的发展和新型体制探索，聚集整合高端资源、创新资源，握紧拳头集中资源突破关键技术，依托要素市场化配置等改革打通要素市场流动堵点，打通技术创新原点到产业化市场扩展通道，并发挥好产业链链主企业作用，推动战略性产业集群整体协同配合，带动一大批中小企业成体系成长，实现“点”到“线”再到“面”的大发展。